Sobre cómo no complicarte la vida

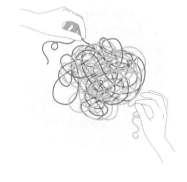

Sobre cómo no complicarte la vida

Aprovecha y exprime lo mejor de cada momento
#quierovivirtodoelrato

**Ana
Villarrubia
Mendiola**

www.edaf.net

MADRID - MÉXICO - BUENOS AIRES - SANTIAGO
2024

Diseño de cubierta: Manuel G. Pallarés
Maquetación y diseño de interior: Diseño y Control Gráfico, S.L.

Editorial Edaf, S.L.U.
Jorge Juan, 68
28009 Madrid, España
Teléf.: (34) 91 435 82 60
www.edaf.net edaf@edaf.net

Ediciones Algaba, S.A. de C.V.
Calle 21, Poniente 3323 - Entre la 33 sur y la 35 sur
Colonia Belisario Domínguez
Puebla 72180, México
Telf.: 52 22 22 11 13 87
jaime.breton@edaf.com.mx

Edaf del Plata, S.A.
Chile 2222
Buenos Aires — Argentina
edafdelplata@gmail.com
fernando.barredo@edaf.com.mx
Teléf.: +54 11 4308-5222 / +54 9 11 6784-9516

Edaf Chile S.A.
Huérfanos 1179 — Oficina 501
Santiago — Chile
comercialedafchile@edafchile.cl
Teléf.: +56 9 4468 0539/+56 9 4468 0537

Marzo de 2024

ISBN: 978-84-414-4297-9
Depósito legal: M-3153-2024

PRINTED IN SPAIN   IMPRESO EN ESPAÑA

COFÁS

Papel 100 % procedente de bosques gestionados de acuerdo con criterios de sostenibilidad.

Para ti, fan acérrima, de sueño y vigilia sacrificados, siempre atenta, constantemente alerta, escudriñadora de gestos, excesivamente cuidadora, incansable especuladora de mundos insondables, eternamente incondicional... Para ti, Mamá. Y para ti, Papá, de igual sensibilidad, aunque esforzada por ser disimulada.

Para todos los que, como yo, queréis dejar de vivir preocupados y olvidar la idea de existir parapetados tras el miedo. El mundo nos está esperando. Por ello, hagamos nuestro este maravilloso lema: #quierovivirtodoelrato

Para los Paulos, para mi sobresaliente equipo de Aprende a Escucharte, para mi Espe, y para ti, PO, que me acompañas y te acompañaré siempre.

#quierovivirtodoelrato

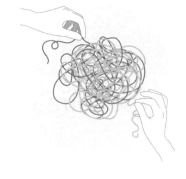

ÍNDICE

AGRADECIMIENTOS

En consulta, a diario, no me canso de repetir que la vida no siempre nos pone las cosas fáciles y que, por lo tanto, el arte de no complicarse la vida no reside tanto en la confianza que depositemos sobre factores externos, como en el mantenimiento de cierto equilibrio entre nuestras motivaciones, expectativas, metas, valores y objetivos vitales, así como en el ajuste de nuestras preocupaciones. Precisamente porque hemos de lidiar con infinidad de factores que poco o nada dependen de nosotros, una de las estrategias más útiles que podemos entrenar es la de discernir entre la idoneidad de disputar unas u otras batallas, así como entrenar la capacidad para relativizar la trascendencia o prioridad que le concedemos a algunos anhelos y preocupaciones. A eso me ayudan indirectamente mis pacientes, y a ellos quiero dedicarles un especial agradecimiento.

Gracias, por confiar en mí en los momentos en los que más vulnerables os habéis sentido —cuando a uno más le cuesta—, por permitir que os acompañe a lo largo de un pedacito de vuestro recorrido vital, por cuidar de nuestro espacio de seguridad y confort tanto como yo aspiro a cuidaros a vosotros. El carácter voluntario de la terapia hace que cada proceso terapéutico no solo sea auténtico y genuino, sino una experiencia tremendamente valiosa con la que enriquecernos todos, una oportunidad para mirar dentro y reordenar prioridades. Gracias por hacerlo mutuo, gracias por ser una ventana abierta a tantos mundos tan diferentes. Gracias por hacer del mundo un lugar mejor y más comprensible a pesar de su inexorable complejidad.

Y gracias especialmente, cálidas y sentidas, a toda la familia EDAF, porque hacéis mucho más que libros: nos acogéis, tejéis vínculos y nos hacéis sentir en casa. Este libro es vuestro.

INTRODUCCIÓN
«Pasarlo mal» o «sufrir» no es sinónimo de «ser infeliz»

«Llega a ti la muerte: sin duda, habrías de temerla si pudiese permanecer contigo, pero es obligatorio que no llegue, o que pase».

Séneca

ALREDEDOR de 250 personas nuevas nos visitan cada año en «Aprende a Escucharte». Son 250 biografías con muchas páginas ya escritas, 350 vidas y 250 puntos de vista distintos acerca de cómo deben ser vividas. Cada caso es una excepcional oportunidad para seguir profundizando en el conocimiento del comportamiento humano.

¿Sus principales motivaciones a la hora de buscar apoyo psicológico? Rupturas sentimentales, pérdidas de familiares cercanos, problemas laborales, preocupaciones de salud, dificultades familiares, desengaños en las relaciones personales, proyectos de vida inacabados o la triste situación de recibir lo que objetivamente solo puede ser considerado como una mala noticia que uno no tiene más remedio que afrontar.

De esta manera pueden resumirse el 80 por ciento de los motivos de consulta de los pacientes que acuden al centro. Solo el 20 por ciento restante aproximadamente arrastra antecedentes psiquiátricos, diagnósticos de enfermedad mental grave o convive con un trastorno de personalidad. Y, aun así, con todo y con eso, en todos los casos, en cada uno de los procesos terapéuticos en los que nos embarcamos cada semana, sin importar el origen de la petición de ayuda, siempre acaba siendo necesario abordar una cuestión fundamental, la médula espinal del padecimiento humano y la principal fuente de desasosiego de la condición humana: el sufrimiento superfluo. La preocupación inútil. La angustia infructuosa.

Cada día, aunque sea por pocos segundos, desperdiciamos el valor de la vida por causas que solo pueden ser catalogadas como frívolas e insustanciales (inútiles y prescindibles, vaya, por hablar aún más claro).

Ocurre que no solo no sabemos gestionar el sufrimiento cuando es preciso hacerlo, sino que, además, lo que hacemos es enredarnos en otro tipo de sufrimientos superfluos e innecesarios, en preocupaciones fútiles, que nos distraen de lo importante y consumen nuestra motivación, instalándonos en quejas improductivas y desgastando nuestras energías en vano.

La insatisfacción (más o menos generalizada) con la vida proviene de múltiples fuentes y suele ser el resultado de distintas realidades no resueltas que acaban siendo confluyentes. Sin embargo, las personas tendemos a ser mucho más robustas psicológicamente de lo que solemos considerar. Somos resilientes, lo somos en gran parte por naturaleza, lo que significa que en el momento de la verdad, cuando objetivamente nos enfrentamos a situaciones críticas, nuestros mecanismos de afrontamiento terminan por aflorar y después de todo un proceso —no exento de penas, miedos, inseguridades y angustias— lo más frecuente es que seamos capaces de resolver nuestros conflictos, tomar decisiones en las direcciones deseadas, y aprender a convivir con nuestra experiencia.

El ser humano está naturalmente preparado para hacerle frente a las vicisitudes más complejas. Ese es el auténtico significado de la resiliencia en el sentido psicológico del término. Eso sí, también necesitamos saber en qué tecla tocar en cada momento, dónde asirnos, y, por ello, es importante que podamos y sepamos pedir ayuda.

El duelo es el mejor ejemplo de ello. El desgarro emocional que se produce por una pérdida es tan fuerte que duele, físicamente duele. La desesperanza es tan intensa que verdaderamente creemos que no existe luz al final del túnel, ni posibilidad siquiera de que algo nos alumbre. Pero, muy poco a poco y sin saber muy bien cómo, vamos logrando mitigar y reducir el dolor, ordenar ideas, reconstruir esquemas, reproyectar un futuro y aceptar nuestra nueva realidad recolocando el vacío y aprendiendo a convivir con él. Salvo excepciones tremendamente dramáticas, con más o menos dificultades y tras un proceso más o menos largo, el ser humano dispone de los mecanismos de regulación necesarios para recomponerse frente a la adversidad y lograr sobrevivir.

Desde una experiencia de maltrato hasta la pérdida de un ser querido, pasando por una mala situación económica o laboral o por una crisis familiar, todos disponemos de múltiples experiencias de sufrimiento que, en nuestra historia de vida, nos han conducido precisamente hasta el momento actual, que han terminado por enriquecernos y que forman parte de esa persona más adulta y madura que hoy tenemos frente al espejo. El desamor, sin ir más lejos, es uno de esos oscuros y fríos callejones en los que todos hemos llegado a pensar que quedaríamos atrapados y abandonados a nuestra suerte, pero cuya salida finalmente un día logramos encontrar. Echamos la vista atrás y nos reconocemos en posición fetal sintiendo que ya nada merece la pena. Somos bien conscientes del desamparo que un día albergamos en lo más profundo de nuestro ser y del enorme crecimiento personal con el que dicha experiencia terminó por enriquecernos y dotarnos de una más amplia perspectiva acerca de nosotros mismos y del mundo que nos rodea. Pero, pese a que de forma consciente esto es algo que sabemos y que podemos identificar con nitidez, mientras estamos dentro del agujero sentimos que realmente no existe consuelo. Quizá para otros sí, pero no para nosotros. Así de enrevesada es nuestra psique cuando se trata de torturarnos injusta e infructuosamente.

O bien nos exigimos no sufrir —y, tratando de huir del sufrimiento lo intensificamos aún más—, o bien asistimos a otro fenómeno de consecuencias similares y que consiste en que, en otros momentos muy diferentes de nuestro recorrido de vida, en los que atravesamos situaciones mucho menos críticas o delicadas que aquellos hitos tan complejos que ya fuimos capaces de superar, nos reconocemos en un estado de desasosiego que no se corresponde con lo que objetivamente tenemos delante. En forma de nebulosa, alguna pista nos llega de que la manera en la que estamos sufriendo no obedece directa o proporcionalmente a las causas por las que nos estamos lamentando.

Quizá sí intuimos, de lejos, que lo que nos estamos contando sobre lo que nos sucede ha terminado por ser más catastrófico que lo que el relato objetivo de los hechos parece apuntar, pero, con todo y con eso, nos decimos a nosotros mismos que nadie nos entiende de verdad, que lo que puede llegar a pasar es tremendo, que no podemos no preocuparnos por ello, y que no merecemos ni un segundo de tranquilidad. Incluso, hasta nos sentimos culpables por sufrir, porque «con lo que ya he pasado en la vida, yo ahora, por esto, no debería sentirme así» (así de duro es el machaque interno al que nos autosometemos).

Todas las historias pueden ser contadas desde distintos puntos de vista. Absolutamente todas. Depende del prisma con el que observemos, de los esquemas que obturen nuestros pensamientos, de las rigideces con las que proyectemos el futuro, de las expectativas creadas y de las exigencias que consten en la hoja de ruta que previamente hayamos generado.

Este libro habla sobre ello: de la distancia entre todos esos puntos, es decir, de la distancia entre lo que la vida realmente nos demanda y el modo en el que nosotros reaccionamos (o sobre reaccionamos) a esas demandas.

El arte de no complicarse la vida no es el arte de no sufrir, sino el arte de no sufrir de manera absolutamente inútil o infructuosa, y aprender a gestionar convenientemente el dolor.

Es el arte de buscar, encontrar y gozar la paz interior. No se trata de condenarnos a postergar la aceptación de la adversidad, sino, más bien al contrario, se trata de coger el toro por los cuernos y acertar en el lugar adecuado para solucionar cada nuevo escollo que nos pongan por delante: gestionar cada situación crítica de manera que su resolución nos ancle aún más a la vida, que nos ayude a ampliar el foco de manera que todo tenga sentido, nos reencamine hacia nuestras direcciones valiosas, nos proporcione la flexibilidad de la que antes no disponíamos, y nos permita vivir en paz.

La principal aspiración de todos nosotros es caminar hacia nuestras direcciones valiosas y, a poder ser, hacerlo apaciguadamente tranquilos.

Para ello, te propongo aquí un recorrido no lineal, pero sí constante, plagado de matices, porque en la vida nada es blanco o negro —ni siquiera lo que te resulta apasionante debe ser entendido en términos absolutos— para que puedas dirigirte hacia tus metas personales, cuidando siempre de tu equilibrio emocional y de tu paz personal.

Aprendamos a nivelar proporcionadamente el cuidado que le dispensamos a todas aquellas áreas vitales que nos resultan significativas, las que más directamente influyen en nuestro ánimo y en nuestra percepción sobre el mundo, sin caer, eso sí, en la antiética del más puro relativismo, y sin dramatizar en exceso ni disgustarnos magnánimamente por aquello que no merece nuestro pesar.

¿Dispuesto a ir a por todas? Hazlo con direcciones tan nítidas como flexibles

MÁRCATE una hoja de ruta, fijemos un horizonte (aunque luego nos demos cuenta de que, quizá, haya que redefinir otras nuevas). Adentrémonos en el cambio sin perder de vista que quienes elegimos hacerlo fuimos nosotros, y lo elegimos de forma tan consciente como libre, persiguiendo satisfacer una serie de demandas, deseos o disonancias por calmar ya previamente identificadas como motivaciones necesarias.

Lo importante es caminar hacia un objetivo previamente elegido, para soportar mejor las ingobernables fuerzas del universo que tengan a bien aparecer para vapulearnos o desnortarnos en el momento más impredecible. Si no toca sucumbir, no procede o puede evitarse, lo evitaremos. Si no... ¡Al plan B! Y, ante todo, ¡mente flexible! Que no te asuste el cambio. Nos da miedo la incertidumbre, pero olvidamos reflexionar sobre que parte de ella también es necesaria y hasta hemos elegido experimentarla. Que ello no te haga sentir a la deriva o desprovisto de toda capacidad para manejar el timón, que ello no nuble tu ágil capacidad de análisis o de solución de problemas: un horizonte, sí, pero mientras caminas hacia él, recuerda que todo es definitivo hasta que se decide lo contrario.

HERRAMIENTA 1 . . . .

Paso a paso, partido a partido (sin ser del Atleti, pero sí de Leiva), para lograr tus metas:

1. Fíjate una meta objetiva y tangible.

2. Encuentra el desafío en tal reto.

3. Adelanta las emociones agradables que asocias a su consecución.

4. Visualiza el objetivo.

5. Desglósalo en unos cuantos pasos intermedios (que no te asuste que sean muchos).

6. Haz una agenda para planificar cada esfuerzo.

7. Dedica, cada día, 15 minutos a conseguirlo y repensarlo.

8. Emprende, también cada día, una pequeña (gran) acción orientada hacia tu objetivo: no importa lo poco que te pidas, importa que te dediques a controlar tu vida y satisfacer tu objetivo durante unos pocos segundos al día.

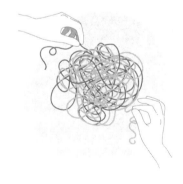

1

EL YO

Gestionarnos en la vida (y conducirnos a través de ella desde el aprendizaje) nos ayuda a crecer

«Verás que se emplea gran parte de la vida en obrar mal. La mayoría en no hacer nada, y toda en hacer lo contrario de lo que se debe».

Séneca

¿Dispuesto a aprovechar cada segundo de tu experiencia en contradecir, siempre en positivo, a nuestro gran referente filosófico? Aprende para no repetir errores. Se trata de aprender para escuchar y escucharnos mejor, aprender para acercarnos con conciencia, equilibrio y responsabilidad a nuestros deseos, para lograr tornarnos en una versión mínimamente mejorada de nosotros mismos, y ofrecer también una mejor compañía de vida a nuestro alrededor.

Aprender para cambiar.

Las caídas que nos hacen más fuertes

ME permito hacer en este primer capítulo un auténtico alarde de sinceridad terapéutica. Está sobradamente demostrado, en terapia, el potencial sanador que contienen las experiencias compartidas y las emociones empáticamente expresadas. Por eso se sabe que, una verdadera revelación, tanto desde lo personal como desde lo profesional, no solo resulta ser una declaración de intenciones en toda regla de cara a crear el clima de confianza que todo proceso de acompañamiento psicológico requiere, sino que es, en sí misma, una herramienta útil y capaz de evocar cambios estructurales en nuestra manera de pensar y en nuestra forma de sentir.

Es por ello que empiezo este libro haciéndoos partícipes de una de las principales motivaciones personales que se esconde detrás de la decisión de emprender esta nueva y apasionante aventura editorial.

Empiezo por la verdad; por lo que creo que puede ser el mejor revulsivo de cara a lograr que el recorrido que este libro te plantea te pueda resultar pragmáticamente enriquecedor y merecedor de las ganas y los recursos que a su lectura vas a dedicar. Empiezo por una confesión, aspirando a que se trate de ese tipo de confidencias que verdaderamente llega a ser de utilidad para todo aquel que pueda acabar viéndose mínimamente reflejado en ellas —creyendo firmemente, por el tema del que se trata, que es el caso de muchas personas, espero—.

¿Es cierto eso de que el ser humano se crece ante la adversidad, o se trata de una simple frase hecha? Lo que no puede contigo te hace más fuerte? ¿De verdad es esta una premisa realista o resulta ser un mensaje de autocompasión que, en un momento dado, contribuye a aliviar algo de pesar mientras nos lamemos las heridas?

Mi posición a este respecto es clara: radicalmente sí, las personas crecemos, aprendemos, nos fortalecemos y hasta nos reinventamos en los contextos más complejos y de la manera más insospechada. Y compartirlo no es «Mal de muchos, consuelo de tontos» (el único integrante del refranero español que no considero tan inteligente, veraz y práctico como el resto), sino que compartirlo es permitir a otros que alberguen una necesaria dosis de esperanza justo en el momento en el que aún no atisban la luz al final del túnel. Compartir el pesar y el dolor individual es un acto de pura y generosa solidaridad.

Por supuesto que el ser humano se crece ante la adversidad: crecemos, aprendemos y nos enriquecemos. Si no te sucede tal cosa, es momento de reevaluar tu crisis y rediseñar su abordaje.

En mi caso, el túnel transcurrió a lo largo y ancho de una solitaria estancia en un hospital. Habitación 318. Semanas de ingreso en aislamiento (no le perdáis nunca el miedo al COVID, ni a sus derivadas). Esto es, semanas de SOLEDAD, con mayúsculas. Semanas de privación de ese que siempre he considerado como el más sofisticado y preciado recurso de afrontamiento de todos a cuantos puede recurrir el ser humano, ese que no es otro que la búsqueda y el encuentro del apoyo de los tuyos. Semanas sin fuerzas, y también sin voz. Semanas sin alimento. Semanas sin sustento posible alguno. Semanas de aceptación, y duelo. El mundo, tal y como uno lo concibe, se transforma de un día para otro, dejando un tipo muy particular de vacío dentro de uno mismo, equivalente a la angustia generada por aquello que, sin ser imposible, siempre pareció improbable o inconcebible. Nunca, mientras las cosas van bien y fluyen con normalidad, nos planteamos que «nos engañamos al pensar que la muerte está lejos de nosotros, cuando su mayor parte ha pasado ya, porque todo tiempo transcurrido pertenece a la muerte» (Séneca). Nuestro afán de controlabilidad y nuestra falsa ilusión de invulnerabilidad nos impiden caer en la cuenta de tal reflexión.

Teniendo en cuenta, además, que no considero que el acompañamiento telemático pueda suplir jamás la profunda calidez de un verdadero abrazo entre dos personas (no en los momentos más difíciles o, al menos, no de forma reiterada en el tiempo), esta es la radiografía más fidedigna del trance que quiero retransmitirte. Ese fue mi túnel.

Y confieso que no veía luz, ni la esperaba. Sencillamente no existía la posibilidad de que existiera un atisbo de luz, ni un rayo siquiera, todo conato era inconcebible. Se me decía que, como psicóloga, podía con todo. Me decía yo a mí misma que, como humana, estaba más que limitada.

El duelo de una vida que dejaba radicalmente atrás, la culpa por el daño causado, la renuncia (no tan consciente) a la que hasta entonces había sido mi familia, el rechazo sabido y sospechado de las personas más importantes de mi entorno, las traiciones que jamás habría podido anticipar por parte de mi más cercano séquito (o eso pensaba yo), y el desengaño vital y amoroso más importante e intenso que jamás seré capaz de experimentar (porque jamás me parecerá ni mínimamente razonable volver a exponerme tanto y tan a corazón abierto); todos esos elementos confluían en una misma etapa de vida.

Pienso, según escribo estas líneas, en otras historias mucho más complejas y trascendentales. Rememoro las vidas y casuísticas de decenas de pacientes en quienes pienso a diario; y creo que, entonces, ni de lejos tenía motivos para quejarme, al lado de muchas otras realidades experienciales. Pero el sufrimiento humano... ¡¡Ay!!!... El sufrimiento humano es egocentrista y capcioso, no atiende a razones, no obedece a comparaciones ni acepta posibles relativismos. El sufrimiento humano es tan intenso como el dolor que se vivencia en cada uno de sus momentos, sin paliativos ni analgésicos... Hasta que se produce un cambio de tercio.

Estoy convencida de que el COVID me condujo al hospital, aislada y sola —encerrada en lo que yo consideraba un cuasi destierro—, porque, de otro modo, no habría sido nunca capaz de saber cómo gestionar tanto dolor. Imposible lidiar ante tanto elemento sorpresivo. Enfermé. Me fue la vida en ello. No podía ser de otra manera. No había otra toma de conciencia posible. Y, dicho sea de paso, sirva también este ejemplo para ilustrar la constante interacción que existe entre lo psicológico, lo biológico y lo social. Nadie, a día de hoy, ni del mundo de la biología ni proveniente del conductismo más absoluto, se atreve a cuestionar la interacción constante que existe entre el cuerpo y la mente, entre lo biológico y lo psicológico, entre lo psicológico y lo social y cultural.

Cuando el cuerpo se resiente, la mente sufre y, cuando la mente nos traiciona, el cuerpo se duele.

Pues bien, ya no te hablo de boquilla cuando te aseguro que sí, que *el ser humano se crece ante la adversidad,* y que sí, sí existe luz al final de cada túnel. Lo que no te puedo asegurar, sintiéndolo infinito (cuánto me gusta el infinito cuando se trata de amar), es que no exista la posibilidad de que se puedan suceder varios túneles distintos a lo largo de tu vida. Algunos, incluso, de manera injustificadamente sostenida en el tiempo.

Saber abrazar el dolor es aprender a vivir

Las crisis no son útiles en la medida en la que afloran, o en la medida en que las causemos nosotros mismos, en honor a la verdad.... Ni siquiera son útiles las crisis en la medida en la que te afectan, sino en la medida en la que seas capaz de desplegar los recursos necesarios para poder gestionarlas. Esta es la piedra angular sobre la que debería versar nuestra vida:

No se trata de evitar el dolor, sino de entender su origen, de comprender su procedencia, de explicarte su mantenimiento y de poner remedio para que no sea perpetuo ni transforme tu esencia en un sentido no deseado.

¿De verdad aspiras a una vida sin dolor? Entonces te condenas a la huidiza y malsana evitación. Aspiremos, mejor, a una vida en la que nosotros llevamos el timón.

Lo que te condena al sufrimiento más absurdo y destructivo no es la vivencia de una crisis, sino tu dificultad o incapacidad para gestionarla. Bienvenidas sean las crisis, pues nos permiten crecer. Bienvenido sea el sufrimiento cuando no es perenne, sino transitorio y productivo.

Durante muchos años he sentido que la congoja con la que afrontamos determinadas situaciones no es otra cosa que un tiempo de vida sacrificado y detenido, al servicio de ese sufrimiento que de manera tan «peliculera» y aparentemente natural englobamos dentro de nuestro relato de vida. Seguramente que has pensado tres cuartos de lo mismo, cuando te has visto en un agujero del que no sabías cómo salir. Seguro que te has sentido desdichado y has pensado que todo ese tiempo dedicado a sufrir no era más que un tiempo de penitencia tan infructuosamente mal dirigido como condenado a ser tan recordado (solo a ratos) como olvidado.

¿Me equivoco? Pues bien, aquí estamos para desdecirnos, para desterrar tabúes y coger el toro por lo cuernos (a todos los toros que sean necesarios), siempre que eso nos augure un mejor futuro.

Nunca he aprendido más, nunca he cambiado tanto y nunca ningún sentir me ha llegado tan profundamente que todo aquel aprendizaje, cambio o sentimiento procedente desde el dolor.

¿Acaso es posible el cambio sin sufrimiento? ¿Acaso no es el dolor una señal de alarma para emprender el cambio?

¿Sabes qué es lo que sí puedo asegurarte? El crecimiento al final de cada etapa crítica, las amistades por encima de las enemistades, las manos ceñidas que te sirven de asideros, los amigos que, aunque no repararas en ellos, siempre estuvieron, los amigos que nunca se fueron, las nuevas relaciones que te reengancharon a la vida cada vez que necesitaste un rescate.

Elementos que nos hacen sufrir sin necesidad

LIBERÉMONOS de todo lo que nos resta, eso que arrastramos (a veces, desde tiempos inmemoriales), lo que seguimos cargando en la mochila de manera estéril. Son muchos los momentos en los que hemos de hacernos cargo tanto de nuestras desdichas y problemas como de los pesares de los que nos rodean. Pero esos son momentos o circunstancias de sano y elegido sufrimiento, sufrimiento necesario, podríamos decir. Una cosa es invertir en el cuidado de nosotros mismos o de los nuestros —momentos en los que ética y empáticamente hemos de apostar por las personas a las que queremos, y toca gratificarse altruistamente con el valor de lo que podemos aportarles— y otra cosa bien distinta es llenarse la cabeza, en vano, de pájaros improductivos. Más allá de lo necesario, de lo que estoicamente forma parte de la vida y toca aceptar, existen muchos otros pensamientos, preocupaciones y sentires que arrebatan nuestra calma sin que lleguen nunca a servirnos para nada, sin que lleguen nunca a aportarnos nada en el medio o largo plazo.

«Piensas mucho», le dije hace pocos días una amiga que me hacía partícipe de sus últimas vicisitudes vitales. «Y tú, también», me respondió ella. Y sí, tenía razón. Nunca podemos dejar de ser afectiva e íntimamente responsables, del mismo modo que considero y defiendo a lo largo de estas líneas que, por arduo que resulte, no hay nada más emocionalmente más malsano que huir de los padecimientos «normales» o esperables que todo proceso de vida conlleva. Pero, de ahí a preocuparse por todo... De ahí a darle tantas vueltas a las cosas hasta el punto de perder la conexión con el presente y hasta la lógica dirección de futuro...

HERRAMIENTA 2 . . . .

¿Quieres empezar por sanar en lo más hondo?
Relaciónate también desde lo más hondo.

1. ¿En quién confías?
2. ¿Con quién sientes que puedes comunicarte sin miedos?
3. ¿De quién te nutres y de cuya paz disfrutas?
4. ¿Quién sientes que te respeta y te enriquece en todo momento?
5. ¿Quién te valora por encima de todo y a pesar de todo?

¡Haz partícipe a esa o esas personas de este proceso personal que emprendes! Comprometerte con tu persona de confianza es sinónimo de comprometerte contigo mismo. Nunca infravalores el potencial sanador de un vínculo sano, del acompañamiento de ese que te coge de la mano y está dispuesto a no soltarte hasta no estar seguro de que puedes caminar solo, libremente, sin aislarte y con recursos para seguir expresándote y comunicándote con el mundo.

¿Control o ilusión de control?

PENSAR menos para vivir mejor. Pensar menos en lo fútil, darle menos importancia a todo lo que sea posible pero alta o medianamente improbable.

Dice la ciencia que alrededor del 90 % de las casuísticas que mentalmente barajamos y que nos quitan el sueño no llegan nunca a suceder. Se quedan en un espejismo. Pero, mientras lo rumiamos... ¡Ay de nosotros! Mientras barruntamos futuros catastrofistas nuestra mente los imagina hasta el punto de vivirlos con una realidad fisiológicamente pasmosa; nuestro cuerpo se estremece y se llena de cortisol, se estresa de manera preventiva, preparándose activamente para lo peor. ¿Por qué lo hacemos? ¿Por qué la preocupación es la principal fuente de sufrimiento en eso que llamamos «el primer mundo»?

Porque necesitamos sentirnos seguros, porque parte de esa seguridad pasa por la necesidad de reducir al máximo posible la incertidumbre. La incertidumbre, aclarémoslo, es la condición emocional que, por excelencia, peor gestionamos los seres humanos, la constelación emocional más inquietante y farragosa de todas aquellas a las que hemos de hacer frente en el día a día.

Nuestro cerebro se coloca en hipotéticos futuribles con la inflada expectativa de que si es capaz de prever lo malo será capaz de gestionarlo. Nada más lejos de la realidad. Has de saber que, cuando suceda aquello que temes, dolerá y te desubicará bastante.

La mente se anticipa a lo que pueda suceder con la falsa ilusión de creerse todopoderosa, inconmensurablemente consciente y prácticamente omnipotente.

Te descolocará, sin duda, por mucho que consideres que te has preparado para ello. Esa supuesta preparación solo te habrá supuesto una condena a vivenciar, directa o indirectamente, la peor de tus pesadillas. Sin que ello te haga más fuerte ni te proteja de ningún modo. Sin que ello suponga una tirita preventiva ni una medicina curativa en caso de que la vid sí termine por sacudirte en el sentido menos deseado.

Cosa bien distinta es prepararse para la adversidad cuando esta puede ser prevista o ha sido incluso diagnosticada con criterios objetivables. Es el caso de los duelos anticipados, de las despedidas cicatrizantes y de las anticipaciones curativas. En esos casos los psicólogos (la figura más ejemplificadora es la del psicólogo que se dedica al afrontamiento de la pérdida, el cambio o la muerte en situaciones de cuidados paliativos) sabemos muy bien cómo actuar para dotar a las personas de cuantos más recursos mejor para poderse preparar provechosamente frente al cisma vital.

Pensar menos, para vivir mejor, no es una llamada a la superficialidad, sino más bien un aviso que ha de colocarnos en una posición de sana gestión de la adversidad, y hasta de la desgracia: ecuánime, justa, equilibrada y siempre terapéutica.

En definitiva, una oda al estoicismo.

Tampoco esto nos exime del sufrimiento, ese sigue siendo un trance terapéutico cuya travesía no podemos obviar, pero esa justificada preparación sí nos fortalece de cara a la resiliente recuperación a la que siempre aspiramos en los momentos más duros, de cara a la vuelta a la vida, de cara a la aceptación, que no es otro que el complejo objetivo de todo proceso de duelo: aceptar la pérdida, reubicar las ausencias, para poder seguir llevando una vida con sentido.

Los valores que nos convierten en «mejores» personas

Los valores que te hacen mejor son, sencilla y llanamente, los tuyos, los que te definen y los que quieres que te sigan acompañando.

HERRAMIENTA 3 . . . .

4 elementos imprescindibles para poder vivir en calma.

1. **No pierdas el control, motivado por el miedo: vive el presente.** Cuando no hay evidencias de lo temido, cuando no hay antecedentes fehacientes y a pesar de ello te puede el fatalismo... ¡Detente! ¿Qué es lo peor que real y probadamente puede pasar? Nada o prácticamente nada, identifica que el miedo te sumerge en un mar de dudas que te alejan de tu propio contacto directo con el mundo. Céntrate en el hoy. Sé que se dice pronto pero el ejercicio de re focalizar tu atención hacia el hoy es un ejercicio forzado y consciente que depende de ti.

2. **Asume que no todo es controlable.** Recuerda la mayor parte de los acontecimientos vitales que te han desestabilizado en el pasado, y analiza que, efectivamente, eran impredecibles. Si no podemos protegernos frente a todo, al menos no consumas tus recursos en gestionar lo inevitablemente impredecible.

3. **Limita tus tiempos de decisión y pasa a la acción.** No se trata de entregarse eternamente al arte contemplativo de pensar sin tomar decisiones. Márcate plazos; desde minutos u horas hasta unos pocos días. Obviamente, todo depende de la envergadura de aquello a lo que te enfrentes, pero te aseguro que llegará un momento en el que, por más vueltas que le des a la cabeza, ya no minimizas ningún riesgo de error, sino que casi te lo garantizas.

4. **Relativiza.** Adopta una mayor perspectiva. La experiencia es un grado precisamente por eso: porque te dota de una posición más completa y más amplia desde la cual otear el horizonte y prever posibles movimientos estando menos pegado, en el mejor de los sentidos, a tus emociones y temores.

   ¿Realmente esto tiene sentido? ¿Vale la pena que le dedique tanta intranquilidad? ¿Hasta qué punto me va la vida en ello o, mejor dicho, hasta qué punto de verdad creo que no seré capaz de gestionarlo en el caso en el que ocurra?

Echando la vista atrás, seguro que eres capaz de identificar que efectivamente sufriste y afortunadamente pudiste superar. Quizá pensaste, en el momento, o durante un tiempo, que no sería posible sobreponerte, pero lo cierto e innegable es que terminaste por lograrlo.

1. ¿Qué situaciones puedes recuperar de tu memoria en las que sintieras que efectivamente el mundo se te venía abajo y no eras capaz de atisbar un mínimo rayo de luz al final del túnel?

....

....

....

....

....

....

....

....

....

....

....

....

....

....

....

....

....

....

....

2. Y, en todas ellas, ¿qué herramientas que no sabías que tenías aca-
   baste por desplegar? O, ¿qué nuevos recursos tuviste ocasión de
   poner en práctica?

....

....

....

....

....

....

....

3. Sin caer en el positivismo más superficial y absurdo, y partiendo de la base de que obviamente hay situaciones en la vida que son objetivamente indeseables, reflexionemos ahora acerca de las consecuencias de aquella vivencia.

- ¿No eres hoy una persona distinta de aquella que se encontró entonces en aquella situación?

....
....
....
....
....
....
....
....
....
....
....
....
....
....

¿De qué te sientes más orgulloso?

¿Qué es característico hoy de ti que antes no era siquiera apreciable, porque aún no te habías visto en la tesitura de tener que resolver de esa manera o de afrontar determinados tipos de dolor?

....

....

....

....

....

....

....

....

....

....

....

....

....

....

....

....

capítulo

2

LA FAMILIA

Lo que me pierde o me desestabiliza: cuando mi peor enemigo está en mi propia historia de vida

«Todas las familias felices se parecen unas a otras, pero cada familia infeliz lo es a su manera».

León Tolstoi, *Ana Karenina*

TODAS las familias, parejas y personas felices se parecen entre sí... Pero, si se nos escapa el matiz de discernir entre la autenticidad o la manipulación tras una estampa vistosa y estratégicamente bien colocada en un escaparate de Instagram, ¿cómo no se nos van a escapar detalles mucho más sutiles y provenientes, además, de personas sobre las que damos por sentada la confianza depositada? De los nuestros recibimos precisamente el relato de nuestra propia existencia. El presente es más o menos nuestro, pero hemos de poder enhebrarlo necesariamente, con cierta lógica, con otras historias previas, las que nos transmiten quienes más nos quieren (pero que, no por ello, están exentos de sesgos). Transmiten de buena fe, pero no pueden obviar ni los sesgos «heredados», esos que tantas veces han sido revisitados desde edades tan sensibles frente al aprendizaje, ni tampoco los suyos propios, fruto de sus propias experiencias en resonancia con su individualidad. Al final, esos sesgos terminan siendo nuestros, con independencia de que se forjasen en generaciones bien anteriores a la nuestra. Bastaron la exposición al mensaje y a aquellas actitudes que pregonaban con él.

Cuando tenías la falsa ilusión de que solo tú elegías en qué dirección caminar y por qué vías optar…

Y, sin embargo, no tuviste más remedio que claudicar ante el hecho de que sucumbías ante muchos más condicionantes, sesgos o determinantes de los que habías imaginado jamás.

Los aprendizajes y las herencias adquiridas: ¿desde dónde, hasta qué punto y en qué sentido nos determinan?

Ni existimos al margen de los demás ni nuestros problemas se gestan y desarrollan al margen de influencias o imposiciones externas. ¡Tampoco, por supuesto, sobreviviríamos al margen de todos los apoyos que desde nuestro entorno nos brindan! No nos fijemos solo en la parte negativa de las fuerzas externas que nos influyen, nos motivan o nos «encarrilan» de manera más o menos predominante en distintas etapas vitales. También de orígenes externos beben sus fuentes aquellas fuerzas de la naturaleza —normalmente de naturaleza humana— que nos sostienen cuando más lo necesitamos. No se trata de renegar de los balones de oxígeno que recibimos desde nuestro alrededor y que, aunque no siempre llegan a nosotros de manera interesada, suelen representar importantes asideros sin los cuales no podríamos salir a flote.

Nuestra pretensión es sencilla: identificar el origen y la funcionalidad de esas fuentes de influencia externas con el único objetivo de que, si fuera el caso, dejasen de funcionar como oscuros artilugios de impulsión velados. Desde lo más hasta lo menos obvio. Desde lo más beneficioso hasta lo más perjudicial.

Queremos, a través de estas páginas, convertir lo que hasta ahora eran motivos ocultos que implícitamente nos conducían hacia unas decisiones u otras, que inconscientemente nos limitaban mediante miedos y barreras desconocidas, en motivaciones perfectamente conscientes que nos enriquezcan a nivel experiencial y nos permitan elegir con plena consciencia cuál es el camino que queremos seguir y hacia el que, de facto, nos estamos ya encaminando. Jamás podremos observarnos a nosotros mismos de manera enteramente objetiva —eso implicaría dejar de ser uno mismo para convertirse en otro; otro que, a su vez, también tendría sesgos—. Pero, en la medida en la que nos esforcemos cada día por escudriñar las motivaciones que nos mueven y que también movilizan hacia nosotros los recursos de quienes nos rodean, también estaremos siendo fieles a nuestra obligación de trabajarnos para convertirnos, no en mejores personas, sino en una versión mejorada de nosotros mismos (mejorada, al menos, ante nuestros ojos, ante una mirada lo más limpia, objetivo y constructivamente crítica que sea posible).

> Cuanto más conozcamos acerca de las limitaciones que coartan nuestras elecciones —o de las motivaciones altruistas que nos empujan sanamente— más libres seremos para poder elegir si queremos tratar de derribarlas o abrazar los apoyos que nos mantienen social y emocionalmente vinculados a la vida.

Tu lugar en la familia, tu lugar en el mundo

Todos formamos parte de un sistema complejo y global, un sistema familiar que se remonta mucho más allá, incluso, de aquellas generaciones que hayamos llegado a conocer en vida o de cuyas andanzas nos podamos haber hecho eco directo. En esos sistemas familiares no solo tenemos un nombre, un apellido, y un lugar en la jerarquía, descendencia o herencia; en esos sistemas también jugamos un determinado rol —o se nos atribuye tal rol— que tendemos a interiorizar, repetir, perpetuar y, en última instancia, trasladar a las siguientes generaciones. Algo así como una impronta invisible, no genéticamente determinada, pero sí igual de fuertemente arraigada.

Siguiendo nuestra posición no determinista sobre el comportamiento humano (de lo contrario, no tendríamos este libro entre manos, no creeríamos en la flexibilidad ni en el margen de maniobrabilidad sobre nuestro comportamiento y el curso de nuestras vidas), estaremos todos de acuerdo en que esos roles que asumimos, o que se nos asignan, no son inamovibles, en absoluto. Sin embargo, sí es cierto que el sistema del que formamos parte, para mantener su armonía, tiende a mantenerse en cierto estado de equilibrio, y lo hace en base al orden establecido, en base a ese que ya conoce, o eso que ya le ha funcionado en el pasado (aunque, *de facto*, haya «malfuncionado»). Ese sistema tiene vida propia, funciona como un ente cuasiindependiente que, insisto, ha mantenido tradicionalmente su armonía siempre y cuando se ha mantenido dentro de sus propios esquemas de lo que considera equilibrado. Los sistemas familiares buscan y necesitan encontrarse en puntos de proporción y consonancia y, por ello, cuando uno de sus componentes se mueve, cambia, se queja o se remueve, ese gesto suyo afecta necesariamente al resto de los componentes del mismo sistema al que pertenece.

Para bien o para mal, no lo sabemos (no sabemos siquiera si lo que hoy nos viene bien resulta que mañana mismo nos vendrá potencialmente mal); de lo que no cabe duda es de que cualquier movimiento ejerce un impacto sistémico sobre el resto de elementos de su alrededor y, por ello, conlleva consecuencias que, en ocasiones, pueden llegar a ser sorprendentemente impactantes.

Por más pequeño que sea el cambio promovido por uno de los elementos que forman parte de la constelación de elementos del sistema, el movimiento posterior puede ser, o no, proporcional al anterior. Y eso nos afecta padecerlo tanto como nos asusta provocarlo. Ni queremos ser los desestabilizados, ni nos es grato considerarnos responsable de la desestabilización de los nuestros. Nuevamente el impacto de cada una de las decisiones que tomamos en cualquier momento (por justificadas que sean) es, en cualquier caso, impredecible. Nuestras decisiones o actos afectan a los demás, y los de los demás nos afectan a nosotros con una intensidad que oscila entre el rango más insignificante de lo intrascendente hasta lo más transformador del efecto mariposa.

> Nos aterra dar un paso en una dirección deseada, pero no necesariamente aceptada en el sistema familiar, por miedo al daño que podamos generar y a la culpa que podamos experimentar.

En este sentido, la familia —la familia de origen— en sentido amplio tiende a ser considerada y hasta «señalada», no con poca razón, aunque no con toda, como primera instancia de socialización que representa, como una de esas «culpables dogmáticas» que un día ostentó el poder de determinar el comportamiento del futuro adulto. ¡Ojo con estas afirmaciones! Cualquier aplicación práctica nos deja a todos, con perdón de la expresión, *con el culo al aire*, expuestos, y con mil vivencias personales potencialmente sometidas a revisión: ¿Era yo quien decidía? ¿Me sentía más libre de lo que realmente era? ¿Aquello por lo que opté es lo que yo verdaderamente quería o, por el contrario, es lo que otros deseaban para mí y yo interioricé como mío?

Como decíamos, asumir una posición determinista acerca del comportamiento humano equivaldría a quedar literalmente vendido a todas las incontroladas influencias externas tempranas que hubieran querido inculcarnos o que hubiésemos tenido la suerte (mala o buena) de encontrarnos en un momento u otro. Supondría asumir que hemos sido «maleados», o incluso anulados, en nuestro más profundo margen de elección, y por lo tanto también limitados en nuestros pretendidos o ansiados márgenes de crecimiento o de cambio.

Esos márgenes de cambio que son diana de todo proceso terapéutico, por mucho que a veces resulten ser más limitados de lo que quisiéramos, siempre conllevan una serie de componentes, por pequeños que sean, que tienen que ver con nuestras actitudes, nuestra voluntad y nuestra forma de involucrarnos, en la medida de lo posible, en nuestro propio recorrido de vida. No obviamos que el margen de cambio tiene que ver, cómo no, con un componente cultural, social y azaroso. Pero, para hacer que nuestra vida sea más nuestra, valga la redundancia, para ejercer una mayor capacidad de control sobre nuestro futuro, pondremos el peso en lo único que sí está de nuestro lado controlar: la asunción de responsabilidades. O, mejor dicho: la asunción consciente de aquellas responsabilidades que verdaderamente elegimos asumir, por los motivos que sean.

Con todos estos componentes ya puestos sobre la mesa, coincidirás conmigo en que el comportamiento humano tiene un análisis y un grado potencial de moldeabilidad tremendamente complejo. Sí, cierto, pero... ¿Acaso eso no hace que cualquier reto que nos propongamos sea también, si cabe, aún más apasionante de lo que a primera vista puede parecer?

Hagamos del aprendizaje virtud, si ello nos permite desprendernos de roles, miedos o barreras

ANALICEMOS esta cuestión de las herencias aprendidas en la medida en la que ello se convierta en una herramienta útil para conocernos mejor y liberarnos de limitaciones que, sencillamente, nunca fueron nuestras. Hablamos de una cuestión muy reveladora a la hora de analizar y conocer quiénes somos y, por ello, es un área en el que no deja de haber algo de «oportunismo», «frivolidad» o «excusa». Ante la necesidad de extraer conclusiones en un sentido o en otro

—en función de que las influencia recibidas nos sean perversas o, por el contrario, en función de que tales antecedentes puedan actuar como una «insustituible fuente de empoderamiento»— nos comportamos de manera algo ambigua o, incluso, demagoga: porque, en determinados momentos, nos es pertinente o nos es conveniente escudarnos detrás de algunas vivencias o dogmas adquiridos. A veces nos conviene eso de que «es que yo soy así». Pero... ¿Es de recibo emplearlo?

Ahora bien, tampoco creo que sea sano defender esa posición opuesta al determinismo que no es otra que la del «todo es posible», «solo tienes que creer» o «para poder, basta con querer». Cuánto daño puede llegar a hacer un mensaje del tipo «si quieres, puedes» dicho a destiempo... Que se lo digan a mi padre, afectado de polio postrado en su silla de ruedas, o que se lo hubieran dicho a mi admirada Ruth con su diagnóstico de enfermedad rara que nos la arrebató a sus 20 años, pese a que habría querido (que no podido) comerse el mundo. No todo vale, en ninguno de los sentidos. Y que no se lo digan tampoco (esto va a ser más controvertido) a una madre cuyo hijo se ha convertido en asesino, pese a haberle dado el más seguro de los apegos, el mayor de los amores y la más grande de la educación igualitaria y democrática.

Conozcamos el ADN psicológico de nuestra historia de aprendizaje, aprovechémonos de que sobre ese ADN sí podemos operar, y utilicemos ese proceso de toma de conciencia para liberarnos de cadenas invisibles y preceptos limitantes.

Cuando las herencias aprendidas de sobreexigencia nos conducen a la eterna frustración

¿Por qué me siento tan identificado cada vez que leo algo acerca de eso que se hace llamar «el síndrome del impostor» (esa sensación de haber logrado llegar hasta cierta posición profesional no por méritos y conocimientos sino por mero azar, ignorancia o benevolencia de los demás)? ¡Incluso aunque supere con creces los niveles de preparación de todos los que me rodean! ¡Incluso aunque me haya dejado la piel para ser buena en lo mío!

¿Por qué nunca considero que soy lo bastante buena o bueno como para merecer el reconocimiento que me expresan o el salario que percibo? ¿Por qué me esfuerzo constantemente por demostrar mi valía, aun cuando a mi alrededor nadie me solicita avalar mis credenciales? ¿Por qué, a pesar de formar parte de un equipo, no hago más que pensar que no lo merezco?

Fantasmas del pasado

La niña que nunca estuvo a la altura (¿qué altura?) de lo que se esperaba de ella, aquella que nunca fue suficientemente perfecta ni tomó las decisiones «adecuadas»; el varón primogénito que nunca asumió con la suficiente dignidad (¿cuál es el termómetro de la dignidad?) los éxitos que el padre o el abuelo le transmitieron, el hijo que nunca hizo lo que se esperaba de él, el que nunca pensó como los demás querían que pensara o, peor aún, el que nunca existió y fue prácticamente negado en tanto en cuanto no cumplió la expectativa que sobre él, sin saberlo y sin quererlo, se había depositado?

Así de potentes son los dogmas silenciados y aparentemente imperceptibles que nos persiguen desde que nacemos. Bueno, ¡o desde mucho antes de nacer incluso! La trayectoria de los padres o abuelos, las frustraciones de quienes nos engendraron, los nombres que nos otorgaron... Nada es aleatorio, casi nunca lo es. El azar existe, por supuesto, pero en este caso está cargado de significado. Por eso es importante conocer tu historia, para no condenarte a repetirla o para que, si la repites, esa sea tu elección consciente, la tuya y la de nadie más.

Los elevadísimos niveles de autoexigencia, esa ambición nunca satisfecha, las inseguridades ante la posibilidad de «no estar a la altura» (mido 1,50, insisto, ¿qué altura?), el miedo a equivocarse, el terror ante la idea de no tomar la decisión adecuada o no hacer lo correcto en el momento preciso, la angustia anticipando que los demás no aprobarán o no aceptarán lo que decidamos hacer o aquello en lo que nos convirtamos... Todos esos temores nos abruman sobremanera. Son fantasmas que pueden perseguirte toda la vida. A amargarse también se aprende, y en eso los seres humanos tenemos una maestría.

Pero... ¡Atención! ¡Peligro! ¡Estamos ante un arma de doble filo! Muchos de los condicionantes que nos acompañan de manera tan frustrante, muchos de esos listones inalcanzables, terminan también por convertirse en una suerte de «excusa para la vida», es decir, esas explicaciones que nos damos a nosotros mismos para justificar la inacción, no cambiar de rumbo, para no arriesgar, para no manifestar nuestras auténticas pasiones ni reivindicar nuestra identidad siquiera.

HERRAMIENTA 4 ·

La solución no es mágica, ni está exenta de coste y esfuerzo personal, pero sí pasa por responder a las siguientes preguntas:

1. Echando la vista atrás... ¿Puedes identificar que has creado una realidad a partir de una idea fija, pero que existen o podrían existir otras muchas formas posibles de vivir tu vida?

2. ¿Tiendes a pensar que existe siempre una única solución para salir de determinadas situaciones, porque así te es más fácil o más rápido opinar o salir del paso?

3. ¿Consideras que hay partes que, en tu infancia, se te impidió atender, ver, oír, pensar, sentir o decir y que aún hoy sigues evitándolas?

4. ¿Te das cuenta de que, en ocasiones relevantes o significativas, tus esquemas no son acordes a lo que realmente querrías hacer, lograr o conseguir?

Descubrir las respuestas a todas estas cuestiones o, mejor dicho, hacerse consciente de las motivaciones implícitas de muchos de nuestros actos o de los rumbos que se siguieron en un determinado momento no contribuye a ahondar en ningún tipo de dolor, sino que, más bien al contrario, supone una enorme liberación de cara a todas las decisiones que nos quedan por tomar, a todo lo que nos queda por delante, que no es precisamente poco.

La negligencia o la privación de afecto: Cuando fui un niño poco mirado... Inevitablemente, el proceso de construcción de mi autoestima se resintió

Hay una pregunta que muy habitualmente tiendo a hacer a mis pacientes en sus primeros días de terapia. Si no coincide con el primer día de consulta, con esa primera entrevista clínica inicial, suelo formularla entre el segundo y el tercer día de mutuo conocimiento entre el paciente y yo (esto es importante, no olvidemos el componente voluntario de la asistencia a terapia, y no dejemos a un lado que esa relación tan especial lo es porque solo puede ser mutua y recíproca). Le planteo lo siguiente: «Descríbeme a tu padre y dime, ¿cómo era tu relación con él?» Y, además, como no podía ser de otro modo, en el orden que sea: «Descríbeme a tu madre y, háblame de cómo era o es tu relación con ella». También con los hermanos o con respecto a cualquier otra figura de apego o referencia que pudiera haber sido relevante en la vida de mi paciente. Un primo, un tío, sus abuelos, algún cuidador, etc. Y, a partir de todo ello, invito al paciente también a la siguiente cuestión: «Todas y cada una de esas figuras relevantes en tu historia de vida, ¿qué es lo que más valoraban de ti y cómo te lo hacían saber?».

No estoy buscando saber si la persona tenía muchas o pocas figuras de referencia (que también me interesa, en un momento dado, disponer de ese dato), del mismo modo que no busco saber si la persona que tengo frente a mí tiene muchos o pocos amigos (que también puede ser relevante en un momento dado, toda esa información es bienvenida), ni tampoco quiero saber si le premiaban con dinero, pero lo que sí me interesa sobremanera en este punto, para entender la construcción psíquica y del autocompleto de quien tengo delante, es saber cómo ha sido su historia de refuerzo. ¿Hicieras lo que hicieras nada era digno de elogios en ti? ¿Se te gratificaba por lo básico o, por el contrario, hicieras lo que hicieras se consideraba básico y, por lo tanto, nada en ti era digno de reconocimiento? ¿Cómo se te hizo saber que eras, efectivamente, un ser único y excepcional, y qué cualidades había especificamente en ti (aunque, por supuesto, no todas) que merecieran atención y reconocimiento por parte de las personas que más te querían? Y, por no dejar ningún fleco suelto e ir al origen... ¿Cómo a ti, particularmente, se te hizo saber que eras querible, que merecían el afecto y la aceptación incondicional, como niño que eras, que eras digno de ser mirado y admirado, y que eras valorado por aquellos de quienes dependía tu proceso de crecimiento y construcción de tu futura adultez?

Los efectos del bajo refuerzo positivo: la baja autoestima

¿Por qué transijo en asuntos que considero inadmisibles para los demás? ¿Por qué recomiendo a otros que pongan límites que yo no soy capaz de poner? ¿Por qué se hace tan tristemente efectivo para mí ese refrán que dice «Consejos vendo que para mí no tengo»? ¿Por qué me encuentro, noche tras noche, frente al espejo, repasando mis interacciones diarias y lamentándome por los 'noes' que no pronuncié, las respuestas que callé o las emociones que no expresé?

Un estilo de comunicación pasivo o inhibido muy a menudo está relacionado con una baja autoestima, con un pobre concepto de uno mismo. Nos enseñaron que nuestra opinión no era válida, que nuestro criterio no era interesante, que era mejor quedarnos callados. No importa el motivo: ser el pequeño de varios hermanos, ser el más callado o introspectivo, ser la única mujer / niña en una familia con esquemas machistas y retrógradas, ser el hijo o la hija especialmente dócil y servicial... Quizá incluso no encontremos ningún tipo de explicación (que no justificación) estructural. Nos tocó, y punto. No tuvimos la culpa, pero fue cierto eso (que habitualmente se niega) de que se quiere a todos los hijos pero puede que no de la misma, manera, o simplemente fuimos víctimas de las circunstancias que caracterizaban, antaño, la existencia de nuestras figuras de apego. El motivo importa menos en la medida en la que tengamos clara una premisa fundamental: el motivo no fuimos nosotros, el motivo no fuiste tú.

> No había nada en ti que fuera censurable, nada te hizo menos querible o menos merecedor de cariño, afecto y recompensas; simplemente te tocó lo que tocaba en la coyuntura temporal en la que llegaste a este mundo y en la que te criaste.

Llegados a este punto, dejemos entonces de arrastrar carencias que no nos corresponden, dejemos de apropiarnos de culpas que jamás merecimos, y procurémonos una imagen de nosotros mismos mucho más realista de lo que hasta ahora hemos llegado a construir.

HERRAMIENTA 5 ....

Fomenta el autoconocimiento para derribar las limitaciones injustificadas que un día te impusieron.

1. ¿Cuáles son las virtudes de ti que más valoras y cómo vas a hacer que sean visibles a partir de este momento?

2. ¿Qué cosas te gustan menos de ti y qué planes tienes para empezar a matizarlas y transformarlas?

3. ¿Qué es lo que te hace emocionalmente inteligente y cómo vas a explotarlo?

4. ¿Qué cosas, en un sentido u otro, te caracterizan porque las haces de forma auténtica y diferente al resto del mundo?

5. ¿Hay algo de lo que te arrepientas? Y, mejor aún, ¿cómo vas a compensarlo o cómo puedes tratar de desagraviarte en relación con ello, aunque sea parcial o simbólicamente?

6. ¿Qué es lo que quieres y puedes aportar a los demás y cómo lo haces en la práctica en el día a día?

7. ¿Qué es lo que deseas de los demás y cómo vas a solicitarlo a partir de este momento?

8. ¿Qué es lo que los demás suelen criticar o agradecer de ti, y cómo tratas de contener lo primero y engrandecer lo segundo?

   No solo quiero que respondas a todas estas cuestiones, que también lo deseo, pero lo que persigo principalmente es que ejecutes todas y cada una de esas respuestas.

Todas esas reflexiones son inmediatamente aplicables en tu vida cotidiana. No puedo (ni quiero) convencerte frívolamente de lo mucho que vales. Así, a vuelapluma, con palabras que se lleva el aire, sin conocerte, sin saber de ti y sin haber estado en contacto directo con el efecto que tus defectos causan sobre ti y sobre los demás. No, no es eso. De lo que se trata es de que, desde el autoconocimiento, te liberes de todos los prejuicios que sobre ti se han colocado desde tiempos inmemoriales (probablemente de manera injustificada) y que construyas un concepto más ajustado a la realidad, un concepto más manejable por tu parte; en definitiva: un concepto de ti mismo que no te anule, en el que no eres perfecto (ni mucho menos) pero tampoco eres denostable sin razón alguna y, lo más importante de todo, tienes margen de cambio.

Y… ¿Qué hay de mí si fui «demasiado querido»?

NUESTRA autoestima puede resultar estar dañada por defecto —acabamos de verlo—, o inflada por exceso —vamos a ello—. Ambos extremos nos condenan a algún tipo de sufrimiento, que adopta formas similares de sufrimiento, aunque provengan de orígenes bien diferentes. El caso es que adoptan formas igualmente dolorosas o limitantes en la construcción de la autoestima y en el transcurrir de la vida.

Por eso me parece especialmente interesante abordar un asunto del que rara vez se habla: el narcisismo. ¿Qué hay de los que fueron excesivamente queridos o protegidos? Entiéndase «excesivamente» desde lo desproporcionado, lo injusto, lo negligente o lo improcedente. ¿Qué hay de aquellos que nunca escucharon una crítica (constructiva) y que siempre fueron justificados o hasta venerados por encima de todo y colocados por encima de todos? Nadie hizo mal, ningún padre es sospechoso de ser culpable, ningún padre hizo mal queriendo o queriendo querer, queriendo demostrar su amor y queriendo proteger. No se trata aquí de buscar culpables, ni mucho menos, pero sí explicaciones.

¿Qué fue lo que me llevó a situarme por delante del de al lado, olvidándome de que mis derechos no son más respetables o valiosos que los suyos? ¿Qué fue lo que me hizo observar a los demás desde el utilitarismo y el pragmatismo más despiadado? ¿Qué fue lo que me permitió alejarme de ese invisible cordón umbilical de empatía y solidaridad que es realmente el único elemento que distingue lo humanamente animal de lo sencillamente animal?

Pocas veces hablamos del narcisista porque no suele venir a terapia, porque tiende a vivir su sufrimiento en silencio (sí, el narcisista también sufre, aunque aprenda estrategias de relativismo y racionalización) parapetado detrás de la vergüenza, del miedo al rechazo, del miedo a la posibilidad de ser socialmente destruido o del pavor ante la idea de poder prescindir de cualquier tipo de mirada de aprobación social, además de estar desprovisto de aquellas habilidades o recursos que le permitirían la posibilidad de pedir ayuda.

Alguien me quiso proteger, alguien quiso que el mundo no fuera nunca un lugar hostil para mí… Y aquello, paradójicamente, se convirtió en una pesada sombra

DESCONFÍA de quien presume de no tener problemas como, por establecer paralelismos, defiendo siempre que hay que desconfiar de las vidas idílicas de escaparate de Instagram, de las parejas que presumen de no discutir jamás o de los colegios que presumen de no haber tenido nunca entre sus filas un acosador, en lugar de reconocer que los tuvo y te explica cómo gestionaron cada uno de los casos. Desconfía de quien nunca se expone al conflicto, también al conflicto interno, porque, en el fondo, lo que sucede es que carece de herramientas para gestionarlo.

El narcisismo, por exceso o por defecto, es, ante todo, una barrera defensiva frente al sufrimiento, la humildad y la asunción de responsabilidades. En definitiva, una barrera de defensa frente al mundo.

Me ayuda a protegerme en el corto plazo, pero me condena a vivir desprovisto de herramientas adaptativas de gestión emocional a futuro. Me protege hoy para desprotegerme mañana. Me impide caerme hoy para vivir instalado en el miedo a caerme para siempre, en cualquier momento, ante cualquier circunstancia o espectador.

Padres del mundo, sintiéndolo mucho, y siendo conocedora del aparentemente inaceptable trasfondo de este mensaje: tu hijo no es el mejor, el más guapo y el más apuesto del mundo; tu hijo, a veces, sí tiene gran parte de culpa en aquello que le sucede; no puedes proteger eternamente a tu hijo del sufrimiento, ha de contactar con él para poder solventarlo, y ha de caerse para poder aprender a levantarse. Sí, tu hijo también.

No es posible aprender a gestionar el conflicto, la frustración o el fracaso (la no culminación del éxito, como prefiero llamarlo) sin exponernos ante ello.
No podremos aprender nunca de la crítica si no la hemos recibido de forma constructiva, si no nos ha escocido, no nos ha hecho mirar hacia adentro y no nos ha motivado lo suficiente como para despertar en nosotros la suficiente motivación como para iniciar un cambio.

¡Ni hablemos ya de la autocrítica! Para ello hemos de haberla recibido desde el exterior, haber interiorizado la necesidad de coherencia entre valores y comportamientos, y ser capaces de aprender de los errores para transformarlos en oportunidades de redirección vital.

¿Cómo me repondré ante la adversidad si nunca la ha reconocido como tal? ¿Si nunca me he enfrentado al no logro y me he permitido un tiempo para no ser exitoso sino edificantes? Y, por si aún la motivación se nos queda corta... ¿Quién me garantiza una vida sin traspiés?

Aun en el caso de tener la mayor suerte del mundo, aun cuando se nos atribuye una «flor en el culo» y efectivamente vamos encontrándonos salvo conductos inesperados con los que no era posible contar, aun en un caso como ese... ¿Quién me puede prometer una vida sin exposición al sufrimiento? Ni el más súper poderoso de los padres puede hacerlo, aunque solo sea porque, por naturaleza, tendrá que acabar con su función de cuidador bastante tiempo antes de que la vida de su hijo termine. Es decir, que aunque solo sea por puro egoísmo, afrontar la vida siempre es mejor que mirarla de reojo, con distancia y arrogancia.

Pensemos acerca de la imagen que hemos construido, a lo largo del tiempo de nosotros mismos. Esa percepción, descripción o idea acerca de nuestra identidad, nuestras virtudes y nuestros defectos que es la base del auto concepto y, por lo tanto, también de la autoestima:

1. ¿Cómo ha variado esa imagen acerca de ti mismo en las distintas etapas de tu vida? ¿Eres capaz de trazar una línea de tiempo y diferenciar cualitativamente y con cierta claridad distintas definiciones de ti mismo en distintos trayectos o ciclos vitales?

Entre los . . . . y los . . . .

. . . .

. . . .

. . . .

. . . .

. . . .

. . . .

. . . .

2. ¿Con qué imagen de ti mismo te sientes, a día de hoy, más identificado?

....

....

....

....

....

....

....

....

....

....

....

....

....

....

3. ¿Qué atributos, positivos o negativos, desearías modificar en
   cualquiera de los sentidos?

. . . .

. . . .

. . . .

. . . .

. . . .

. . . .

. . . .

. . . .

. . . .

. . . .

. . . .

. . . .

. . . .

. . . .

. . . .

4. ¿Cómo deseas ser reconocido, recordado por las personas que realmente quieres y que verdaderamente te importan? ¿Cuál es la imagen que quieres proyectar, sabiendo que siempre hay margen de cambio y que tampoco es realista pretender una proyección impoluta?

....

....

....

....

....

....

....

....

....

....

....

....

....

5. Con tus limitaciones, dificultades y contradicciones: ¿de qué manera puedes acercarte más y mejor a esa identidad con la que más coherente y satisfecho te sientes?

....

....

....

....

....

....

....

....

....

....

....

....

....

....

3

EL TRABAJO

Ese complejo y cambiante entorno: fuente de satisfacción y autorrealización o motivo de autocrítica y autodestrucción

«El trabajo es la actividad vital propia del trabajador, la expresión personal de su vida».

Emmanuel Kant

EL trabajo. Llamado a dignificar, llamado a ser una incesante fuente de autorrealización. Al menos, en la teoría. Una de las parcelas de tu vida que, en la práctica, más de tu atención requiere. Filosofía y psicología coinciden en este sentido, aunque no por los motivos más adecuados, o más deseables, ya lo veremos.

Además del descanso, el trabajo es ESA ÁREA DE VIDA QUE SÍ O SÍ CONSUME UN TERCIO DE TU TIEMPO. Nada más, y nada menos, querría decir, pero... ¡Faltaría a la verdad! Nada menos, sí. Lo de «nada más» no se sostiene. Nada menos, ¡y de ahí, hacia arriba!

¿Cómo afecta el trabajo a nuestros niveles generales de satisfacción con la vida? ¿Por qué nuestro recorrido profesional marca, a menudo, nuestro recorrido vital? ¿Qué proporción hay de nuestra autoestima en ello? ¿Cómo lograr no frustrarnos en exceso por todo lo que en este ámbito de renombre socialmente indiscutible sucede?

La insatisfacción vital más inconfesable

¿Sabes que el trabajo es una de las fuentes de insatisfacción más frecuentes en nuestra sociedad?

Uno no acude necesariamente a terapia por este motivo, o no lo hace con ello en mente de manera exclusiva, porque no encuentra siquiera que sea un motivo suficientemente relevante, porque le avergüenza o, peor aún, porque no considera que sea algo que dependa de uno mismo ni algo acerca de lo cual existan soluciones posibles. La insatisfacción cuando uno se detiene, echa la vista atrás, y compara su recorrido profesional real con el que habría ansiado tener un tiempo atrás, es abrumadora. Especialmente si en nuestro entorno se habían generado grandes expectativas, si parte de nuestra autoestima se ancla en la percepción de autovalía o si, por desgracia, nuestra situación económica no nos permite vivir como desearíamos.

Mi experiencia en consulta me dice, además, que hombres y mujeres acusan este tipo de sufrimiento de manera desigual y muy particular.

Ellos, quizá, porque tradicionalmente han recibido presiones externas más contundentes y específicas, porque se les ha colocado en el rol de proveedores de la familia, y porque se les ha inculcado, de manera más o menos potente, un mensaje que, si no es literalmente el de «tanto tienes, tanto vales», resulta que se le parece muchísimo.

Entre ellas —nosotras— las mujeres, lo que más percibo son las consecuencias de haber tenido que dejar atrás más de una oportunidad soñada, de esos trenes que a los que uno no concibe que pueda volver a subirse, porque en un momento dado la vida les puso en la tesitura de tener que elegir entre el cuidado de la familia o su desarrollo profesional. La culpa que aquello generó sigue atormentando a muchas mujeres años después, amén del runrún de la eterna e irresoluble incógnita del «qué habría pasado sí, dónde estaría ahora en caso de...». ¡Cuánto daño nos hacemos con esas reflexiones imposibles! También percibo en ellas —siempre desde mi estadística particular basada en la privilegiada posición de observadora que mi trabajo me permite ocupar a diario— los estragos de no haber obtenido en un momento dado la dosis de confianza por parte de su entorno que habrían necesitado, los estragos de la falta de apoyo o los traumas de algunas experiencias más que desagradables acontecidas en sus entornos de trabajo, y que les llevaron a tomar decisiones que no siempre las acercaban a sus objetivos.

Dos caras de la misma moneda, tanto hombres como mujeres acusan el impacto de una situación social y laboral que no ha sido siempre sencilla ni ha acompañado a sus intereses. Por no hablar de los jóvenes, ¡necesitados de siete mil millones de requisitos y otros tantos puestos de trabajo previos para enfrentarse al primero en el que puedan acumular experiencia laboral! O, de los mayores de 55 años, en lo mejor de su rendimiento madurativo, pero considerados apestados en un sistema que no prima la sabiduría, sino la maximización de otros recursos más cortoplacista. En fin, variables contextuales todas ellas relevantes, pero a las que no tenemos más remedio que enfrentarnos.

Y, como decía, por muchas variables moduladoras que efectivamente existen para explicar que nuestro horizonte profesional no haya sido un calco de lo que en un momento dado proyectamos como hoja de ruta, eso no hace que nos frustremos menos o de manera menos profunda cuando comparamos la realidad de lo que tenemos por delante con el ideal de lo que habríamos deseado para nuestro yo del futuro. Pero, como el trabajo es sagrado, como uno no puede quejarse, como es políticamente incorrecto despotricar de algo de lo que hemos de estar agradecidos...

La insatisfacción vinculada a nuestra faceta laboral es una de las que más cuesta confesar y, por lo tanto, como todo de lo que no se habla, como todo a lo que no se pone nombre, se termina por apoderar de nosotros, de nuestra percepción de nosotros mismos y de la (baja) estima en la que nos tenemos.

Muchas de esas mal llamadas «crisis de la mediana edad» tienen que ver precisamente con esto. No es algo que se airea directamente, pero acaba saliendo a colación, de manera menos explícita, pero no por ello menos obvia, en muchas de las terapias que se iniciaron por otros motivos aparentes. Personas que no se atreven a dejar su trabajo pese a que lo consideran denigrante, otras que no pueden hacerlo por motivos económicos, otras tantas que tuvieron un futuro más brillante del que tienen hoy... Y aquellos a los que la sociedad defenestró porque habían cumplido los 52. ¡Cuántas depresiones sobrevenidas en personas sanas y funcionales hemos visto en consulta después de que se pusieran tan de moda las famosas prejubilaciones!

Resulta obvio, porque no hacemos más que aludir a un sinfín de factores psicosociales, que muchas de estas variables no tienen ninguna relación con nuestra voluntad o con nuestros niveles de desempeño. Pero, por eso mismo, se hace necesario y pertinente que nos replanteemos nuestra relación emocional con el trabajo, la importancia que le concedemos al éxito (veremos, también, qué es eso del éxito o del fracaso) y la manera en la que ciertas frustraciones en el terreno laboral condicionan nuestras probabilidades de sentirnos orgullosos de nosotros mismos en otras facetas de la vida. Relativicemos la excesiva importancia que le conferimos, así como la desproporcionada dedicación con la que nos esclavizamos, a veces, en un ámbito que, ciertamente es relevante y de ninguna manera suele ser prescindible, pero no por ello debe obsesionarnos hasta la destrucción.

La hiperresponsabilidad y la hiperexigencia

EL perfeccionismo, como la rigidez cognitiva, se convierten en claros atentados en contra de la salud mental. Pueden ser bienintencionados, pero se tornan en elementos de autoagresión con perversa facilidad. No eres menos valioso ni tus actos son menos encomiables porque no siempre aspiren al umbral de la perfección. En ningún caso defenderemos aquí, ni en ningún otro lugar, ni tú ni yo, que es recomendable o de recibo eximirse del cumplimiento de las responsabilidades asumidas, desatender compromisos o rebajar injustificadamente niveles de rendimiento. Pero, todo en la vida se ha de regir por un mínimo principio de proporcionalidad.

Y, en este caso, la proporcionalidad la hemos de buscar nosotros mismos. Porque la empresa para la que trabajamos, nos guste o no —que ya avanzo que no nos gusta—, no tiene la obligación de tratarnos de acuerdo a ningún tipo de principio ético. Pero, nosotros, ay de nosotros, no podremos dormir por las noches si no lo hacemos, si no nos ceñimos a nuestro propio código de conducta. Por eso, para resolver esta cuestión, el primer lugar en el que hemos de mirar es el menos obvio, pero el más cercano: hemos de mirar dentro de uno mismo. Porque la hiperexigencia no es otra cosa que una sucinta pero infalible forma de control. Y el control, ay amigo, nos proporciona seguridad; muy a menudo una falsa sensación de seguridad, pero seguridad, a fin de cuentas. El hiperexigente es hipercontrolador, del mismo modo que el hiperresponsable también lo es. Y ello conlleva una dedicación tan exhaustiva como excesiva a las tareas del ámbito profesional. En un afán inabarcable por lograr lo que no podremos lograr nunca, es un esfuerzo incesante por hacer las cosas bien...

Reconozcámoslo y tengamos la fiesta en paz. O, mejor aún, tengamos el resto de la vida en paz. Porque la repercusión de nuestra insatisfacción en el terreno laboral, de no resolverse a tiempo, no se agota con la jubilación, ni muchísimo menos, sino que nos persigue o nos perseguirá de por vida, de manera aún más farragosa con el paso del tiempo, con pensamientos, ideas y autorreproches aún más ingobernables.

¿Hasta dónde llegas realmente? ¿Cuál es el límite de tu impacto en la ejecución de tus funciones? ¿Existe una forma realista y eficaz de revertir tal realidad y en ello estás inmerso? O, por el contrario, ¿te exiges unos resultados que verdaderamente sabes que no son alcanzables? No importa que sea tu empresa o la de otro, hasta en el primero de los casos existen variables y demandas circunstanciales a las que no puedes atender siempre con la diligencia deseada.

> La hiperexigencia, especialmente cuando está dirigida hacia uno mismo, es una de las mayores causantes de ese padecimiento humano innecesario ante el que nos estamos rebelando a lo largo de todas estas páginas.
>
> Una de las maquiavélicas formas que adopta el perfeccionismo y que tiene que ver con cómo nos observamos, cómo nos evaluamos y cómo nos castigamos (al margen de que esto sea o no ni mínimamente pertinente).

Vivir exento de autorrefuerzo es una auténtica condena autoimpuesta a perpetuidad. Con lo que ello conlleva en cuanto al desarrollo y mantenimiento de un proceso depresivo...

No hablamos de nada anecdótico. Y lo peor de esa condena es que es sibilina, pasa desapercibida durante largas temporadas, hasta que sus consecuencias han sido ya devastadoras. Porque está bien visto ser responsable y es honroso ser diligente. Pero ello se confunde con la versión más polarizada de esta actitud: aquel que sacrifica tanto de sí mismo que se garantiza que, para cuando llega el momento de recoger frutos, cuando lo que toca es gratificarse o congratularse por el esfuerzo desempeñado, resulta que ya no existen motivaciones intrínsecamente valiosas y todo ha perdido el sentido y la razón de ser.

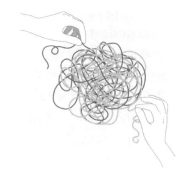

HERRAMIENTA 6 . . . .

Cambia el perfeccionismo patológico por una sana y proactiva disposición hacia lo que realmente te motiva (y, cuando menos, salva los muebles en lo que menos te motive pero igualmente tengas que sacar adelante).

¿En qué se diferencia una actitud autodestructiva de una actitud proactiva?

Date cuenta de que...	¿Cómo has llegado hasta aquí, no siendo esta tu intención?	¿Qué podemos hacer para transformar esta experiencia en constructiva?
... Lo que sientes no es estrés, se llama ansiedad.	Porque tu cuerpo se resiente y no estás concentrado y motivado, sino agotado y, en ocasiones, casi desesperado.	Recupera objetivos concretos, secuéncialos y traza un plan realista para lograrlos, que sea compatible con el cuidado del resto de áreas vitales significativas.
... Se ha apoderado de ti un sentimiento casi constante de desesperanza y pesimismo.	Porque lo que fue ilusión se ha tornado en autoimposición, obligación y necesidad de cumplimiento.	Recupera el porqué y el para qué de las cosas, replantéate qué es lo que significan cada una de las peticiones que te formulas en el contexto de tu recorrido vital.
No dejas de infravalorarte o sentirte un fracasado, por muchos éxitos que los demás te atribuyan.	Y es que los niveles de excelencia que necesitas para sentir orgullo supondrían ser constantemente un fuera de serie.	Proporciónate distintos tipos de refuerzos o gratificaciones que tengan que ver con cada paso en el camino de lo logrado.
Hace tiempo que nada parece satisfacerte por completo, nada es nunca suficiente...	Porque te exiges tanto que el listón es inalcanzable.	Piensa, ¿qué esperarías de alguien a quien quieres? No te pidas más que eso, sé igual de complaciente contigo como lo serías con los demás.

Date cuenta de que...	¿Cómo has llegado hasta aquí, no siendo esta tu intención?	¿Qué podemos hacer para transformar esta experiencia en constructiva?
No importa lo que haya ido mal, siempre encuentras una manera de hacerte culpable o responsable de algo de lo sucedido.	Porque al final, la exigencia se ha tornado en necesidad de control, y parece que es mejor reprocharse a uno mismo que exponerse a confinar en los demás.	Asume la incontrolabilidad que el mundo nos depara. No hay más que ver las noticias para entender que la fatalidad existe y que nuestro afán de control no es más que una falacia. Con la imprevisibilidad no tenemos más remedio que convivir.
No solo te exiges mucho a ti mismo, sino que te has dado cuenta de que también lo haces con los demás, y constantemente te instalas en la sensación de estar defraudado.	Porque, como es lógico, has extrapolado esos niveles de perfección, y lo mides todo en términos de estándares preestablecidos, perdiendo de vista los factores que afectan a todo ser humano en un momento u otro.	Recupera el poder de buscar apoyo social, el poder del compartir y del desahogo. Los demás dejarán de ser una fuente de decepción para convertirse en asideros fundamentales para transformar tus vivencias emocionales en el día a día.
Te comparas con los demás y, aunque sabes que no llevas razón por completo, emocionalmente les atribuyes a ellos habilidades o aptitudes que consideras que tú tendrías que tener al mismo nivel.	Porque los demás han dejado de ser aliados para convertirse en modelos a los que asemejarse, olvidando la variabilidad individual.	Hazte cargo de tu individualidad, de lo específico de tu historia de aprendizaje, de lo extraordinario de lo que dominas, y también de lo que no... Para ello, ya nos rodearemos de quien nos enriquezca en su campo, y no será vergonzante, sino una sana cura de humildad.

Date cuenta de que...	¿Cómo has llegado hasta aquí, no siendo esta tu intención?	¿Qué podemos hacer para transformar esta experiencia en constructiva?
Eres consciente de que has dejado de hacer muchas cosas y de cuidar parte de tus actividades personales, sociales y de ocio por dedicarle más tiempo al trabajo o la formación.	Porque entraste en una rueda en la que solo valía ser el mejor, y todo sacrificio estaba justificado al servicio de la perfección, pero después se te olvidó que ahí fuera también hay espacio para el disfrute y otros tipos de crecimiento personal.	Pon en una balanza: todo lo que evitas hacer frente a aquello a lo que sí te atreves. Date cuenta de que tu mundo se ha hecho cada vez más pequeño, encuéntrale del nuevo el gusto a enfrentarte a cosas nuevas, diviértete con la idea de equivocarte y no hacer siempre las cosas del todo bien. Avisa a tu alrededor de que te metes en «arenas movedizas», y disfruta de meterte en el fango, como si fueras un niño.
Te importa demasiado lo que los demás piensen de ti, hasta el punto de replantearte cuestiones que antes creías haber tenido claras...	Porque eso que fueron modelos se han convertido en proyecciones de tus propias autocríticas.	Replantéate unas cuantas premisas básicas: ¿desde qué motivaciones hablan de ti los demás? Cada uno desde sus propias referencias, no las hagas tuyas.
Ni siquiera eres tan diligente como parece, porque hace tiempo que sabes que evitas algunos retos en los que no te sientes tan seguro...	Porque tu situación, lejos de ser motivante, acaba por provocar un bloqueo insalvable: «antes que hacerlo mal, no lo hago».	Proyéctate hacia un futuro hipotético y responde: ¿cuánto del aquí y ahora te estás perdiendo por eso que no nombras pero que se llama *miedo*?

No dudes en hacer un repaso exhaustivo de todas estas cuestiones, y hasta atrévete a compartirlas con tu entorno más seguro. Si hacemos nuestro ese discurso constructivo, y lo compartimos públicamente, esto puede representar toda una declaración de intenciones que más tarde nos será de gran utilidad como hoja de ruta para no perder el norte meditado (frente a la inercia ya viciada...), para no perder el sentido y la motivación. Además de que puedes ayudar a otros, de paso, a liberarse de patrones de comportamiento encorsetados que creen que les ayudan a funcionar, pero que verdaderamente les van quemando y desgastando por dentro. Y, en relación a ti, este cambio de actitud, dicho sea de paso, también puede servirte para cultivar el ejercicio del compromiso asertivo, tanto contigo mismo como con los demás. Hacer las cosas bien, sí, por supuesto, como línea general; pero no a toda costa, no si ello supone desprenderme de pequeñas partes de mí que luego ya no sepa ni dónde ni cómo se han de recomponer.

Cuando solo eres reconocido por tu posición en la jerarquía familiar: el reconocimiento injustificado, arbitrario, inmerecido o simplemente incomprendido

Más de una persona me ha sorprendido ya cuando me ha contado que ha preferido no aceptar una oferta de trabajo que mejoraba su posición y sus condiciones salariales con tal de no renunciar a un trabajo, el que ya conocen, en el que las relaciones con los compañeros son excelentes. Sorprende, y para bien, en un mundo tan materialista, que muchas personas prefieren sacrificar algo de salario o incluso una potencial mejora en términos de salario con tal de no renunciar a algo que tienen y consideran muy valioso, a lo que ya conocen y les hace sentir motivados y con ganas de levantarse cada día para ir a trabajar. Así de importante es el clima laboral en el bienestar de los trabajadores. Ya podría tomar nota de esto más de un departamento de recursos humanos, de esos que todavía a día de hoy están más pendientes de explotar al máximo la productividad de sus empleados o de exprimir su productividad, a costa de enemistarles a golpe de absurda competitividad, que de velar por las verdaderas bases de la satisfacción laboral.

Por eso lo que no es de extrañar es que los conflictos específicos, vinculados a experiencias bien concretas y determinadas del día a día, que más frecuentemente abordo con mis pacientes tienen que ver con las relaciones interpersonales que se establecen en el trabajo. O, mejor dicho, con las desavenencias en este sentido. Pacientes que han sufrido ataques de ansiedad por la presión desmedida a la que están expuestos y que no han recibido ni un mensaje de aliento por parte de sus jefes. Mujeres y hombres, en su mayoría jóvenes, que se tienen que someter diariamente a la tiranía de una jerarquía laboral que de forma absolutamente injustificada les maltrata verbalmente.

Personas que salen de su trabajo para trasladar a sus confidentes y familiares las frustraciones e inseguridades que solo provienen de la oficina y no hacen otra cosa perpetuar así su desgana de cara a la mañana siguiente. O personas que pasan sus jornadas sin pena ni gloria, sabiendo que se dejan la piel por una empresa que jamás les agradecerá (no digo que no les agradecerá lo suficiente, digo que jamás, les agradecerá, y punto), que jamás les pondrá debidamente en valor, o que sencillamente nunca estará a la altura (ni en términos humanos, ni salariales...) de su extrema dedicación, nunca les sabrá dar su lugar.

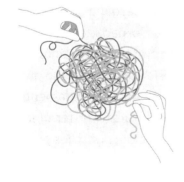

¿Cómo gestionar las faltas de respeto en el trabajo?

1. **La regla de oro:** no hacer propio lo que es ajeno, no personalizar. Los malos modos del jefe, las explosiones de ira del otro jefe, o las pésimas artes del compañero... Así son, así se expresan, así hablan de sí mismos, pero no hablan de ti. Déjales vivir, déjales existir (sí, también tienen derecho...), blíndate de todo aquello que, aunque es ciertamente desagradable, realmente no tiene nada que ver contigo y ocurre al margen de tu existencia.

2. **La regla de plata:** no pensar nunca en términos de lo que es justo o injusto. Partamos de una base y aceptemos la mayor: TODO ES INJUSTO. Punto. Estamos ante una relación contractual y ellos lo que han de hacer es cumplir con los derechos laborales. Ojalá tuviéramos la suerte de que además fueran unos buenos garantes de los derechos emocionales —algunos tenemos la suerte o el privilegio de trabajar bajo esa premisa—, pero esa ni es la tónica general (sí, por desgracia) ni existe organismo alguno que lo exija o vele por ello.

3. **La regla de bronce:** no trasladar el conflicto laboral a otras áreas de la vida. Utiliza, en el mejor sentido de la palabra, a los tuyos como desahogo. Pero ya, hasta ahí. Suéltalo, toma esa bocanada de aire, y continúa. Claro que es importante, claro que te afecta, y claro que todos entendemos que sufras por ello.

Pero no permitas que esa persona o entorno, que no te tiene en la más mínima consideración, obtenga toda tu atención, acapare todos tus pensamientos y consuma todos tus recursos y energías.

> Cuanto más practiques tu identidad en el resto de facetas de tu vida, más fácil te será relativizar los ataques de terceros que no merecen ni tus cuidados ni tus odios.

Respeto máximo a quienes nos guían y nos dirigen. Damos por sentado que han ostentado tales puestos por méritos propios, habilidades para la gestión y capacidades, de sobra demostradas, para el óptimo ejercicio de sus funciones. Pero el mundo no es un lugar ni perfecto ni justo, y no siempre sucede que las cosas responden a una lógica fácilmente defendible.

Como ya disponemos del campo de la legalidad, que rige lo que es y lo no es de recibo en tal o tal contexto, no nos convirtamos en eternos sufridores de lo que otros han escogido por nosotros y que realmente no debería tener ninguna influencia sobre nuestro estado de ánimo.

¿Entonces debemos soportar abusos, humillaciones, vejaciones o malas palabras? ¡Ni muchísimo menos! Ahí están nuestras habilidades asertivas para el diálogo, la confrontación y la definición de límites. O si, por desgracia, ahí no queda la cosa, pidamos ayuda allí donde más ejecutivamente se nos vaya a proporcionar. Pero, en la medida en la que asistamos a situaciones tensas, pero que no necesariamente nos involucran, ¡mantengámonos la margen! Que les amargue la tarde a sus protagonistas, no a nosotros, marionetas que tales protagonistas han necesitado utilizar para vehiculizar las frustraciones que han sido incapaces de procesar.

¿Se puede vivir sin trabajar? Probablemente sí, pero la mayor parte de nosotros ni nos lo podemos permitir ni conocemos la fórmula para lograrlo. Además, cuando hablamos aquí de *trabajo,* no lo hacemos en sentido estricto, sino en el sentido más amplio del término: esa parte de nuestras vidas en las que, a través de una ocupación (la que sea, la que elegimos o la que nos elige a nosotros) alcanzamos una parte de autorrealización y construimos unas cuantas facetas de nuestra identidad. Por ello merece (y mucho) la pena reflexionar acerca de cómo cuidamos esta área de vida que es tan significativa, como decíamos al principio del capítulo, como para llegar a «rellenar» realmente la mayor parte de nuestro tiempo activo a lo largo de nuestra vida útil. Analicemos, sabiendo que no siempre está en nuestra mano elegir, hasta qué punto invertimos nuestro tiempo allí donde auténticamente deseamos:

1. ¿Qué nivel de satisfacción encuentras en tu trabajo o en tu principal ocupación en tu día a día?

....

....

....

....

....

....

2. ¿De qué manera se parece tu principal actividad laboral (o equi-valente) a aquella que habías imaginado para ti?

....

....

....

....

....

....

....

....

....

....

....

....

....

....

....

....

3. Y, con independencia de lo que habías proyectado, sabiendo que nuestras preferencias cambian a lo largo de distintas etapas de madurez, ¿has ido cambiando de ocupación de acuerdo a tus nuevas necesidades e intereses?

....
....
....
....
....
....
....
....
....
....
....
....
....
....
....
....

4. Si no estás completamente en el lugar en el que querrías estar, si piensas a menudo que no quieres que se te escape el tiempo y la oportunidad de aprender, sentir y disfrutar, planteémonos lo siguiente: por muy comprometido, atado o limitado que estés con tu principal ocupación laboral, ¿se te ocurre cómo podrías encontrar tiempo para dedicarte también a esa afición que tanto te apasiona? ¿Qué necesitas hacer, qué tipo de ayuda necesitas pedir o cómo puedes organizarte para conseguirlo?

. . . .

. . . .

. . . .

. . . .

. . . .

. . . .

. . . .

. . . .

. . . .

. . . .

. . . .

5. Llevémoslo a la práctica, no importa que lo máximo que puedas «rascarle a la rutina» sean apenas 50 minutos a la semana: ¿cómo lo llevamos a la práctica? ¿Cómo se te ocurre que puedes sacarle el máximo partido? Vayamos piano piano, pero vayamos hacia delante y en la dirección soñada.

....

....

....

....

....

....

....

....

....

....

....

....

....

....

capítulo

4

LOS AMIGOS

Las relaciones sociales o, lo que es lo mismo, esa red de apoyo sin la que es ilusorio que uno pueda sobrevivir

Cultiva tu red de apoyo, tu red de seguridad: la importancia de rodearte de sanas relaciones de amistad

LA amistad… Ay, la amistad… La amistad es maravillosa. A diferencia de la pareja (habitualmente cerrada y exclusiva), la amistad es inclusiva y abierta. La amistad (esto sí, asemejado a lo que también debería corresponder a la pareja) es siempre recíproca. No diré totalmente altruista, por puro rigor, porque la amistad resulta tan profundamente gratificante que el dividendo intrínseco que produce ya es, en sí mismo, una recompensa objetivable.

Las amistades constituyen algunas de las relaciones afectivas más valiosas de todas cuantas nos pueden acompañar a lo largo del camino. Y el hecho de que sean elegidas, cuidadas y mantenidas voluntariosamente en el tiempo, las hace aún más preciadas. Tus amigos hablan de ti, informan acerca de quién eres tú y de cómo te conduces por la vida, y por eso recalco que han de ser también elegidos por ti. Mantener una amistad cuesta, pero no cuesta tanto como te enriquece en un momento dado; en el que más lo necesitas o en el que menos te lo esperas.

El amigo es consuelo, es apoyo y es sostén. La amistad es guía amorosa, respetuosa y cuidadosa. El amigo es confianza y lealtad. Atrévete a vivirlo, exponte tanto como los demás han de exponerte ante tus ojos.

Sanea tu constelación de amistades: tú cuidas y eliges quién quieres que te cuide

SANEAR tus relaciones de amistad es uno de esos procesos de limpieza y depuración por los que nos resulta imprescindible pasar si el objetivo que perseguimos es el de hallar nuestro mayor estado de tranquilidad posible. Las personas que nos rodean contribuyen a enriquecer nuestra paz individual tanto como son capaces de entorpecerla. Esas relaciones que, lejos de serenarte y motivarte, roban tu energía, pueden desviarte del foco y consumir tus fuerzas hasta límites insospechados.

En ocasiones nos cuesta mucho identificarlo de manera explícita, quizá por la vergüenza social de reconocer que, efectivamente, hay un tercero —o varios de ellos— que tiene un enorme poder desestabilizador sobre nosotros. Cuesta reconocerlo, como decía, pero es necesario romper complejos absurdos y tomar conciencia de ello: es innegable que no permanecemos impasibles frente a lo que recibimos del exterior, somos seres sociales por naturaleza. Los demás sí tienden a ejercer, en múltiples situaciones y circunstancias, una notable influencia sobre nuestro estado de ánimo, nuestra percepción de nosotros mismos y nuestra visión del mundo.

Es muy ingenuo pensar que somos impermeables a lo que el exterior nos devuelve, o aspirar a ello. Es más, muy a menudo, el entorno representa un interesante espejo en el que reflejarnos. No todo lo que nos devuelve el espejo es incuestionablemente cierto —es obvio que se produce siempre un cruce de intereses encontrados—, pero sí hay mucho de ese reflejo que podemos aprovechar para aprender y, por qué no, también para llevarnos de vez en cuando una cura de humildad. Esto no significa que estemos necesariamente vendidos frente a la opinión de todo el que nos rodee; lo interesante de todos los *imputs* que recibimos de nuestro entorno es poder aprender al máximo de ello y, sobre todo, que lleguemos a ser capaces de regular esa influencia para que nunca lleguemos a actuar presionados frente a imposiciones ajenas, por encima de nuestros propios valores y objetivos.

En definitiva, nos reconforta tanto presumir de buenas amistades como nos descoloca tener que asumir que hemos invertido muchos recursos en relaciones que no nos cuidaban, que nos lastraban, y que hasta pueden ser catalogadas como relaciones abusivas, de desvalorización y menosprecio.

Dejemos de perder el tiempo y saneemos ese entorno relacional que tanto dice de nosotros. Lo necesitamos, sí, pero no a toda costa. Si cada día haces esfuerzos por ser mejor persona, por «ganarte tu puesto» y darle a los demás lo mejor de ti mismo, también es lícito (y hasta necesario) que te permitas elegir de quién te rodeas y hacia dónde quieres dirigir tus afectos.

Libertad de elección sí, pero compromiso y humildad ante todo

TAMPOCO se trata de sacar pecho y convertirse en una persona déspota y desconsiderada: nada de «Yo valgo más que nadie» o «Yo, por el mero hecho de ser yo, me coloco el primero y me importa poco lo que le pase al resto del mundo». No se trata de enarbolar gratuitamente la bandera del «Porque yo me lo merezco» sin importarnos a quien tengamos en frente ni en qué condiciones personales se encuentre ese alguien.

Personalmente, incluso aunque me hayan hecho daño, no quiero llevarme a nadie por delante. Jamás. Que otra sufra no repercute positiva y objetivamente sobre el bienestar de nadie. Hablemos de sumar, y no de restar.

Las relaciones humanas se mantienen a base de intimidad, cuidado y cariño. Además de todo eso, las relaciones significativas y profundas, entre dos personas, se mantienen, también, a base de compromiso. No todo es *jiji jaja*, no todo es jolgorio y divertimento. Eso sería demasiado fácil, y también demasiado superficial y poco interesante.

En la amistad sana ha de prevalecer el «Hoy por ti, mañana por mí», aunque sin obsesionarse demasiado con el marcador. La reciprocidad es necesaria, y siempre está de fondo, pero ni se mide al milímetro ni, como también sucede en el amor, obedece a razones objetivas de *timing*…

Del mismo modo tampoco parece razonable pedir a los demás que se encarguen de nosotros cuando no ha existido nunca reciprocidad en los cuidados, cuando tal petición no está ni medianamente justificada, o cuando, pudiendo hacerlo, no hemos tenido la voluntad de desplegar ni un solo recurso para velar por nuestros propios intereses, por encargarnos nosotros mismos de lo que, en esencia, depende de nosotros.

No podemos pedirle al de al lado que haga lo que yo mismo, desde el egoísmo o el hedonismo mal entendido, no estoy dispuesto a hacer (no solo porque no me haya molestado en mirar dentro y encargarme de mis propias dificultades, sino porque, además, no haya demostrado ni la más mínima capacidad de esfuerzo a la hora de interesarme por los demás o tenerlos en cuenta).

En el mundo de las relaciones humanas todo tiene muchas perspectivas, y poco o nada puede ser analizado sin matices o sin empatía. Tengamos una sensibilidad sublime a la hora de analizar o catalogar las reacciones y los comportamientos de los demás; sensibilidad y empatía mucho antes de tomar la determinación de reorganizar la constelación de vínculos que nos rodea: eso es precisamente lo que nos ancla al mundo.

Cómo es una relación bacteriana: ¿sabes identificar las relaciones vampíricas que no te dejan fluir?

Por ello, las relaciones tampoco pueden basarse exclusivamente en el sufrimiento y el sacrificio, especialmente si ello no es recíproco. Detesto el término «tóxico» para referirme a las relaciones interpersonales, pero resulta que ilustra de manera bastante gráfica (excesivamente simplista, pero bastante gráfica) ese concepto sobre el que ahora quiero que reflexionemos: esas relaciones que se nutren de todos tus recursos y ocupan tu foco sin que, en el medio y largo plazo, puedas beneficiarte de ningún tipo de atención equitativa.

Si queremos salirnos de lo ya sobreexplotado de la expresión de «relación tóxica», busquemos otra conceptualización, que cada uno encuentre la suya; hablemos, por ejemplo, de relación vampírica.

Esa que te chupa hasta la esencia y fagocita en tus miserias. De lo que se trata no es tanto de catalogar este tipo de relaciones, sino de aprender a gestionarlas de manera práctica y eficaz. Cuando detectas estas «relaciones chupópteras» a tu alrededor, urge desmontarlas por el bien de tu salud mental.

> Las relaciones vampíricas funcionan exactamente igual que las bacterias: devoran todo a su paso, sin consideración alguna, sin cortapisas, sin atender a límites de ningún tipo. La única diferencia es que las amistades vampíricas nunca son necesarias y siempre son prescindibles.

¿Cómo atisbar y reconocer una relación fagocitaria?

Por ello, veamos, en la práctica, ¿a qué tipo de relaciones nos referimos? Una relación te envenena por los siguientes motivos:

- Esa persona se compara contigo siempre para ensalzar su valía (con o sin razón, mayormente sin...),
- Esa persona se acerca a ti en los momentos en los que te necesita, pero tiende a considerar «cansinos» los periodos en los que tú puedes ser más demandante, y entonces se aleja con más o menos decoro, buscando excusas bastante inconsistentes para, al final, no estar nunca a tu lado en los momentos más delicados,

- Cuando la vida te sonríe o te va bien, te advierte de los «potenciales» riesgos de tu situación (no vaya a ser que te emociones demasiado...), minusvalora cualquier tipo de éxito, y hasta infravalora tus sensaciones de bienestar,
- Aunque te cuesta, te has dado cuenta de que saca lo peor de ti, colocándote en posiciones vengativas de envidia y resquemor cuando no te reconoces en ellas,
- Ha llegado un momento en el que las faltas de respeto ya han pasado a ser evidentes y formalmente ha sido capaz de despreciar o hablar mal de otros amigos tuyos, de tus familiares o hasta de tu pareja, sin que tú encontrases realmente un sustento efectivo para ello,
- Del mismo modo, también habla mal de ti a otros a la primera de cambio,
- Te traiciona y airea tus confidencias, y es que te has dado cuenta de que no es la primera vez que te has preguntado cómo alguien de tu entorno podía conocer algunas intimidades o confidencias íntimas que solo esa persona conocía a través de ti, de primera mano...
- No recuerdas una única ocasión en la que te apoyó de forma INCONDICIONAL, sin críticas ni indirectas, queriéndote a pesar de tus errores y tus defectos,
- Con perspectiva, el término RECIPROCIDAD brilla por su ausencia en todas vuestras interacciones cotidianas.

En definitiva, son relaciones que te absorben mucha más energía de la que, en retrospectiva, jamás te han proporcionado, y de la que jamás serán capaces de proporcionarte. Este tipo de relaciones llegan a transformar hasta tu autoconcepto, es decir, la forma en la que te piensas a ti mismo, los términos en los que te describes y la estima que te profesas. No importa cuánto tiempo lleva esa persona en tu vida, no importa que sean muchos los años y las experiencias compartidas, que no te pueda por la vía del chantaje. Tampoco importa lo admirable que pueda ser en otros ámbitos o lo maravillosamente bien que se comporte con otras personas (probablemente, por interés). Lo único y verdaderamente importante es que esa persona no te quiere bien.

Cómo diferenciar rápidamente las *relaciones abusivas* de otras con las que fluyes tan a gusto

Relaciones *flow*	Relaciones *no flow*
Te acompañan y motivan en cada paso.	Te ponen trabas que ni tú mismo habías contemplado.
Siempre tienen una mirada amable.	Lo más fácil es que tengan la crítica gratuita en la punta de la lengua.
Ponen el «te quiero» por delante de cualquier otra condición.	Las emociones son secundarias cuando se trata de pedirte o reprocharte.
Te hablan con franqueza cuando es necesario.	Te manipulan para lograr sus propios fines, sin importar los tuyos.
Te sientes aceptada y admirada en cada decisión.	Parece que todo lo haces mal todo el rato.
Sabes que estar con esa persona es siempre sinónimo de estar bien.	Constantemente sabes que algo se puede liar impredeciblemente.
Confías, y punto. Siempre están ahí.	Nunca sientes que, si caes, habrá red; la verdad es que temes sentirte solo.

Por qué tú y solo tú puedes elegir: las relaciones que te permiten fluir

ANTES de nada, vaya por delante una aclaración fundamental: que la lógica capitalista no gobierne (ni pervierta), en lo más mínimo, nuestros afectos. No es este texto una oda a la desafección, en contra del compromiso y a favor del individualismo o de la exaltación del más burdo egocentrismo. Elegir a quienes nos rodean no significa instrumentalizarlos, manipularlos o elegirlos en función del valor cuantificable que, en un momento dado, nos puedan reportar.

¿Desde cuándo han de ser rentables las relaciones entre las personas? ¿Desde cuándo se han convertido en atractivas inversiones en bolsa y en corto? Considero que creer en esta idea sería una nada considerada y muy censurable forma de conducirse por la vida, dejando más de un cadáver emocional a nuestro alrededor... Liberarse de esta idea significa liberarse de cadenas que injustamente nos anclan a relaciones y obligaciones que no tienen nada que ver con nosotros, que nos hacen vulnerables frente a la manipulación de terceros, simplemente porque nos han inculcado que es lo que se esperaba de nosotros, pero no porque creamos en ello verdaderamente. Esto va de reivindicar la identidad y la voluntad propias de vencer las culpas desde las cuales hay personas que nos tienen muy pillado el punto y saben muy bien cómo atrincherarse en lugares que no les corresponden ni les correspondieron nunca (pero de los que se han apoderado).

Y, por ello, nos preguntamos ahora: ¿por qué es tan importante cuidar del entorno que nos rodea? Porque tus amistades dicen mucho de ti. Porque representan esa familia construida que te acompaña cada día y que le da sentido a todo. Porque son el reflejo de aquello en lo que nos vamos convirtiendo. Porque no es mucho el tiempo libre del que las obligaciones cotidianas te permiten disfrutar cada día, y ellas son las personas con las que eliges disfrutarlo. Porque compartir tus emociones con esas personas tiene el extraordinario poder de intensificar las alegrías y amortiguar las penas.

Por supuesto que la familia, como primera instancia de socialización que representa, nos dota de identidad y deja una impronta fundamental a la hora de entender cuáles son los esquemas con los que hemos aprendido a interpretar el mundo. Pero, no es menos cierto que, según vamos construyendo nuestra personalidad adulta, empieza a ser más importante el tiempo que pasamos con quienes elegimos que con quienes compartimos consanguinidad. Y, cuando no sucede así, normalmente no es porque prioricemos la sangre, sino porque hemos llegado a tejer un sólido vínculo con nuestros familiares.

La satisfacción reside en la libertad de elección. Si no hay abanico de elección, no hay elección posible, por mucho que yo crea que me guste la opción que tengo ante mis ojos. Por eso, más allá de lo anecdótico, disfrutamos del tiempo y de la intimidad con aquellos a quienes verdaderamente elegimos tener cerca.

Por todo eso es tan importante que seamos conscientes de qué es lo que elegimos, y de la libertad personal desde la que ejercemos tal capacidad de elección. Elegir desde la necesidad o elegir desde la falta de alternativas, sencillamente, no es elegir. De ahí los estragos de esas relaciones abusivas de las que acabamos de hablar, que van minando nuestra autoestima sin que, en principio, nos percatemos siquiera del origen de las coacciones y manipulaciones sutiles a las que hemos estado expuestos.

Tus relaciones hablan de ti: «Dime con quién andas y te diré quién eres»

Casi como el refranero español (al que no me cansaré nunca de referirme) que reza esa premisa de «Dime con quién andas y te diré quién eres», pero de manera algo más sofisticada, un interesante personaje, el empresario, escritor y orador motivacional y multimillonario estadounidense, Jim Rohn, formulaba curiosas reflexiones como en la que defiende algo así como que, en términos psicológicos y emocionales, las personas somos el resultado del promedio de las cinco personas con las que más tiempo compartimos la etapa de vida actual.

No defiendo radicalmente esta idea, pues son muchas las ataduras y los anclajes que irracionalmente nos sostienen anclados a algunas relaciones que en nada nos satisfacen. Sin embargo, podemos asumir una mayor responsabilidad en este ámbito. Como acabamos de analizar, nos equivocamos al presentarnos como víctimas irremediables de las elecciones de otros. Es duro decirlo con esta claridad y sin rodeos, pero así es: que otros te quieran no significa que te quieran bien, ni es causa suficiente para que tú quieras que te quieran. Las determinaciones que tomamos en cuanto a quién ha de acompañarnos en la vida han de corresponderse con elecciones mucho más conscientes de lo que normalmente hemos considerado.

Piénsalo bien... ¿Cuáles son los principales mensajes que te hacen pensar, criticar o entender el mundo cada día? ¿Qué discurso tiene más probabilidades de calar en ti? ¿De qué distintos estados o tipos emocionales de personas te contagias con más facilidad? ¿Qué tipo de argumentos o razonamientos tiendes a utilizar para defender tus posiciones? ¿Cuáles son las quejas más frecuentes que tienes? ¿Qué preocupaciones suelen rondarte la cabeza? ¿De dónde provienen muchas de tus ideas sobre la vida y el mundo que te rodea? ¿Qué preocupaciones o insatisfacciones suelen afectarte más, y de qué personas en concreto? Y, lo más importante, ¿de quién te nutres más directamente y de qué fuentes extraes tus principales reforzadores?

Gran parte de tu estado de ánimo de base depende de un complejo equilibrio entre las inquietudes y las gratificaciones a las que te expones cada día. Existe una «negatividad» inevitable o innegable (la vida nos pone las cosas difíciles muy a menudo, reconozcámoslo), pero también disponemos, por suerte, de multitud de fuentes de satisfacción que colman nuestro día a día de pequeñas o grandes píldoras de confort, de gratitud, de satisfacción, de tranquilidad, y hasta de felicidad. De nosotros depende conjugar convenientemente todos estos elementos y gestionar ese equilibrio interior. De nosotros depende manejar y alcanzar el arte de relativizar la adversidad (siempre que esto sea posible) y aprender a saborear todos los otros alicientes que la vida nos ofrece y respaldarnos en ellos (esto sí, esto siempre es posible).

Como acabamos de ver con las relaciones que consumen tus fuerzas o te «chupan la sangre», por desgracia y por distintas circunstancias que no siempre son fáciles de explicar, las personas de las que más frecuentemente nos rodeamos no suelen coincidir siempre con aquellas que más admiramos o con las que más no apetece compartir nuestras experiencias de vida. A excepción de la pareja —que merece un capítulo aparte, porque, dicho sea de paso, con la pareja las cosas no van siempre tan bien como esperamos, y o con la pareja tampoco encontramos en el día a día la tranquilidad, la serenidad y la calidez que deseamos encontrar—, a la que supuestamente sí hemos elegido, no son tantas las personas con las que mantenemos conversaciones íntimas y profundas a lo largo del día. En realidad, no son tantas las personas de cuyas vidas hacemos un seguimiento auténticamente íntimo, profundo y privilegiado. En otras ocasiones, no todo iban a ser sacrificios, sí que tenemos a bien coincidir con personas a las que de forma consciente hemos elegido, pero eso no significa que sean necesariamente las personas que más pueden enriquecerte, las más auténticamente afines, o las más adecuadas.

Como ya hemos comentado, no conviene tampoco que caigamos en el utilitarismo relacional más individualista por lo que a amistades se refiere. Que no tengamos al lado en todo momento al mejor amigo del mundo en su versión más interesante, atractiva y divertida no significa que tengamos que alejarnos de los nuestros cuando más nos necesitan, cuando se encuentran tristes o cuando atraviesan un mal momento. Nada más lejos de la realidad.

Las relaciones íntimas, las de calidad, las que verdaderamente nos anclan al mundo y se mantienen a base de sana empatía, son relaciones de reciprocidad en las que, por suerte, nos vamos tendiendo la mano los unos a los otros según lo vamos necesitando. Si todo va como es esperable que vaya, toda relación de apoyo se equilibra a lo largo del tiempo.

HERRAMIENTA 8 ....

Ingredientes para disfrutar de tu familia construida, tus amistades positivas y tus relaciones deseadas.

Como decía y quiero recalcar: no se trata de ser egoísta, ¡al contrario! Los vínculos humanos deben versar sobre la bondad, la solidaridad, el altruismo, el sano enriquecimiento del alma y el apoyo mutuo. Por eso, cuando hablamos de elegir conscientemente a quienes nos rodean, nos referimos a que focalices sobre los siguientes aspectos:

1. Identifica a las personas que más recursos consumen en tu día a día y analiza las dinámicas de interacción que mantienes con tus personas de confianza.

2. Descubre si realmente las personas que más influencia tienen en tus rutinas cotidianas te quieren bien, es decir, que te quieren tal como eres, que no pretenden cambiarte, sino tan solo ayudarte y apoyarte.

3. Observa si cuando te critican lo hacen de manera constructiva, si son de esas personas que se toman la molestia de escucharte para razonarte con criterio, de esas que te tienden la mano, aunque amablemente te hagan saber que consideran que te has equivocado.

4. Pronúnciate acerca de si consideras que son respetuosas y coherentes con tus valores; no quiere decir que no tengan creencias distintas de las tuyas y que no puedan comulgar hasta con valores antagónicos, pero te miran desde el respeto a tus esquemas y nunca pierden de vista tu esencia.

5. Echa la vista atrás y fíjate en si te apoyan a la hora de perseguir tus objetivos o si, por el contrario, te llenan de miedos y te limitan. ¡Por supuesto que es lícito que compartan contigo sus temores, y más si es para protegerte! Pero una cosa es compartir miedos y otra muy distinta es tenerte contenido por su propia inseguridad, no vaya a ser que deslumbres y le hagas sombra a alguien...

6. Plantéate si esas personas son honestas, si percibes que te hablan sin dobleces (aléjate de retorcidos ladrones que se creen que todos son de su condición) y que su interés por ti es auténticamente genuino, sin segundas (malas) intenciones.

En definitiva, las personas con las que mantenemos una relación sana nos cuidan, nos respetan, se alegran por nuestros logros y nos motivan. Eso sí, lo hacen siempre de manera realista a la hora de ser coherentes con nuestra esencia y perseguir nuestros objetivos.

Mirar a tu alrededor y analizar todo esto es fundamental para limpiarte de esas malas energías que te limitaban sin que ni siquiera te dieras cuenta de ello. No des nada ni a nadie por sentado: las relaciones se eligen y las relaciones se cuidan y se cultivan. Ya te lo adelantaba antes, ¡hasta las relaciones de sangre han de ser regadas con cuidados y cariño!

En la edad adulta, desde la madurez, las relaciones se eligen y se cuidan al mismo nivel. Sanea tus vínculos cortando aquellos que vienen impuestos por cualquier tipo de manipulación o por motivos externalizados. No des por sentado el afecto y ejércelo con responsabilidad. Cuida de los demás, cultiva la intimidad y nútrete de ella, aún en los momentos en los que te cueste, confiando siempre en la reciprocidad de los que realmente son «tuyos».

Plantéate ahora: ¿de qué exactamente estás rodeado? No esperes a que la vida te ponga delante una situación difícil para darte cuenta de quién merece la pena o no. No somos infalibles, siempre puedes equivocarte, pero al menos lo habrás hecho de manera consciente. Si aún así alguien tiene a mal traicionarte... ¡Allá él! Tu conciencia estará bien limpia y tu coherencia personal intacta.

Y, en el preciso instante en el que sospeches que alguien de tu entorno, por sistema, todo lo que alcanza a devolverte negativismo sin salida, pesimismo destructivo, beligerancia constante, competitividad, miedos y desmotivación, malos pensamientos acerca de los demás, minusvaloración de tu propia valía, ya sabes cómo actuar.

HERRAMIENTA 9 ....

Despidiéndonos de relaciones injustas y abusivas (en definitiva, relaciones malsanas).

Cuando ya ni siquiera hace falta discutir y confrontar, cuando las cosas caen por su propio peso y tus evidencias son irrefutables, cuando el desapego se abre paso, cuando el otro nunca acude a tu reclamo.

¿Cómo hacerlo? Mis pacientes me dicen, a menudo, que al fin han entendido la teoría, pero que no se imaginan, ni por asomo, la recóndita posibilidad de darle forma y ejercitarla, de llevar sus deseos en la práctica realidad, de hacer valer, al fin, sus intereses. Pues bien, vamos a convertir en realidad esa conversación que tan a menudo tienes contigo mismo, en tu cabeza, en la que tú mismo te explicas y te respondes, en la que estás tan seguro de ti mismo como necesitas para decir las verdades como puños que luego no te sientes capaz de trasladar a los demás.

Y, para ello, juguemos, por un momento, a un juego de roles. Imagínate frente a esa persona, confrontando al fin una incómoda pero necesaria conversación de cierre. Lee este discurso y, en la medida de lo posible, por favor, hazlo tuyo. Comparto contigo una de las herramientas que resulta más ilustrativa para muchos de mis pacientes: la construcción de un discurso sanador, duro pero asertivo, irrefutable, sin fisuras, desde la defensa más íntima de nuestros intereses con el que al fin nos despedimos de todos los lastres que arrastramos...

«*Adiós, fuiste amigo y fuiste querido, me acompañaste en una etapa del camino, te acompañé a ti de la mejor manera que supe, pero ahora no existen ya espacios de encuentro entre nosotros. Ahora nos hacemos daño, y ni quiero hacértelo ni quiero que me lo hagas. Ahora me doy cuenta de que no hay nada que pueda hacer para que tú puedas sentirte mejor, y tampoco quiero pedirte nada. En cambio, sí debo asumir la responsabilidad de ayudarme a mí mismo.*

Que te vaya muy bien, de corazón, siempre te desearé lo mejor, siempre querré que te vaya bien, te saludaré encantado cuando vuelva a verte, pero no puedo seguir contando contigo porque no me haces bien o no nos hacemos bien. No cuentes más conmigo, porque solo voy a decepcionarte, no cuento más contigo porque tampoco es justo para ninguno de los dos. No puedo leer o satisfacer tus necesidades, como tú tampoco puedes interpretar las mías. Desde ahí, nos condenamos a cumplir, el uno para el otro, una función perversa, sin quererlo ni merecerlo. Deseo que me quieran bien y yo también poder querer y cuidar bien de vuelta. Gracias por camino recorrido, forma parte de mí».

Y, después, toca combatir la culpa, esa pesada rémora que nos asalta cuando ya habíamos logrado dar el que pensábamos que era el paso más complicado

¿Qué te ha parecido el discurso del ejercicio anterior? ¿Te parece demasiado duro? Si lo piensas con detenimiento, no hay ni un solo punto ni una coma de ese mensaje que no sean absolutamente respetuosos y asertivos para con el otro y también para contigo mismo. Coge lo que te venga bien, adapta lo que consideres, pero proyecta ese mensaje hacia todo aquel que solo está en tu vida para minar la confianza en ti mismo que tanto te cuesta tener. Deja de nutrir a quien claramente no tiene el mismo concepto de amistad que tú, o a quien directamente ha demostrado no merecerlo.

Deja de alimentar a quien, ya sea de manera consciente o inconsciente, no hace otra cosa que aprovecharse de ti. Libérate de la tiranía de quien no te quiere bien y acércate a aquellas personas que te proporcionan el mismo cuidado y confort que sientes que tú puedes proporcionarles a ellas.

Pero, como decíamos, y como seguro que reconoces en más de un episodio de tu vida, muchas veces es la culpa (maldita culpa) la que nos impide despedirnos con dignidad, y nos enzarzamos dándoles a los demás un sinfín de penúltimas y últimas oportunidades que ni siquiera tienen por qué habernos pedido... Te preguntas: ¿Y si soy yo que soy demasiado exigente? ¿Será que tengo yo el listón puesto muy alto a la hora de considerar a mis amistades? ¿Será que no sé dar oportunidades? ¿Será que hay algo malo en mí y voy a acabar solo? ¿No será que tengo que mantener esta relación solo porque lleva muchos años a mi lado? Y, precisamente, como eres tú mismo quien se cuestiona, ahí eres tú el encargado de regular tu discurso interno,

SOBRE CÓMO NO COMPLICARTE LA VIDA

ahí es a ti directamente a quien increpo para que te hagas cargo de ese farragoso sentimiento y no permitas que siga nublándote la vista y el corazón.

Hay una parte de tranquilidad y sosiego que jamás encontraremos en el exterior, aunque eso sería lo más fácil, o lo que más desearíamos. Hay una parte de paz que hemos de ser capaces de suministrarnos a nosotros mismos. Por supuesto que es importante atender a lo que los demás nos devuelven acerca de nuestro comportamiento; claro que, si los demás se duelen a causa de nuestras acciones (o inacciones) bien merecen nuestra profunda reflexión y autocrítica constructiva. Pero, una vez hemos tomado una decisión, una vez hemos sido conscientes de lo que queríamos y consecuentes con ello, llega un momento en el que no queda otra que responsabilizarnos de nosotros mismos y serenar la conciencia atendiendo a nuestros propios criterios. Trabajar la farragosa culpa suele ser una de las partes más trascendentales de muchos procesos terapéuticos. No es fácil, pero es posible, y te animo a que entrenemos de forma pragmática una de las mejores formas de lograrlo. Al final del proceso, la sensación que ganarás de madurez, responsabilidad y autenticidad harán que el proceso haya merecido la pena, por muy arduo e intrincado que pueda parecerte.

HERRAMIENTA 10.......................

¿Qué culpa ni qué demonios?

¿Me permites que te hable sin pelos en la lengua? ¿Sí? Hagamos una cosa, mírate al espejo, y háblate directamente a ti mismo... Aléjate de la eterna presión por agradar y satisfacer a los demás. Esa no es una meta ni mínimamente plausible, ni para ti ni para nadie. Para ello se hace necesario que te hables y te regules a ti mismo, que te observes desde la sana compasión y te des cuenta de que, en efecto, no haces daño expreso a nadie, sino que todos los seres humanos adultos nos enfrentamos a la posibilidad de ser elegidos y queridos, o a la de dejar de serlo. Depende de tantas cosas... Y todas ellas están tan fuera de nuestro control...

Lo fundamental en este proceso es que no pierdas de vista la esencia: a ti. Nunca contribuyas a promover mentiras ni angustias innecesarias y compórtate de manera emocionalmente responsable para con los demás y para contigo mismo. Vivimos en sistemas sociales que se desequilibran una y otra vez y buscamos constantemente restablecer la armonía. Por eso todos acusamos, en mayor o menor medida, los movimientos de quienes nos rodean, ¿cómo no íbamos a hacerlo? Los demás se removerán cuando tú pongas límites a su influencia, por supuesto, pero eso no significa que haya sido tu intención dañarles. Asume que no serás admirado por todos ni tendrás una imagen impoluta ante los ojos de todos. Eso sí, persigue tus objetivos siempre con el talante más noble y respetuoso posible, pero alejándote al mismo tiempo de tus herencias más arcaicas, las que más te constriñen. Transforma la CULPA en RESPONSABILIDAD. Mírate de nuevo en el espejo, y háblate con franqueza, no desde el autorreproche más injusto, sino desde la posibilidad de construir una versión de ti mismo más en sintonía con tus principios y voluntades.

«Date cuenta de que eres demasiado exigente con las personas que te rodean, y sé consciente, precisamente, de que, si tienes tendencia a actuar desde tales exigencias, has de limitar dicho patrón en el momento en el que te des cuenta de que machacas injustificada y unilateralmente a los demás por no satisfacerlas. Puedes tener el modelo de relación de amistad que quieras mientras también puedas cuidar a los demás de manera realista y recíproca.

Puedes elegir cuántas oportunidades quieres dar a los demás, no existe un número determinado; el límite lo pones tú, cuando se cruzan determinadas líneas rojas o cuando consideras que no existe ni un atisbo de cuidado mutuo y ya no haces más que desgastarte inútilmente o alejarte de lo que consideras un modelo de comportamiento honroso, tanto hacia ti mismo como hacia el exterior. No hay nada malo en ti, no tienes por qué acabar solo si no lo deseas. ¡No sucumbas ante el chantaje! Mientras seas consciente de que eres capaz de ser flexible y benévolo con los demás, cuando lo necesitan, también puedes poner punto final cuando los esfuerzos solo provengan de tu parte y sientas que te están tomando el pelo hasta traicionar tus principios más básicos y atentar contra tu autoestima.

Es maravilloso tener amistades y mantenerlas a lo largo del tiempo, siempre y cuando crezcamos y nos acompañemos juntos, más o menos a la par, arrimando siempre el hombro, remando a favor de obra. Pero, dime tú dónde está escrito que hay que cargar con anacrónicas mochilas del pasado en relación con personas que, como nosotros, tienen todo el derecho del mundo a cambiar en el sentido que deseen; cambiar, incluso, hasta lugares en los que dejemos de encontrarnos, cambiar de modo que ya nada tengan que ver con nosotros...».

La vida está hecha de pequeñas cosas, de momentos cotidianos en base a los cuales sentimos y padecemos, y a raíz de los cuales obramos. No permitas, desde ya, que nadie te intoxique. Y, si te cuesta mucho poner límites y cortar por lo sano; si te culpas por no haberte liberado ya de quienes te chupan la sangre, recuérdate que la vida era hoy, sí, pero que mañana sigues estando a tiempo de disfrutarla.

Siempre me interesa conocer, cuanto más mejor, acerca de los vínculos de amistad de las personas que me rodean. Me interesa saber acerca de la gente a la que quiero. También, por supuesto, sobre las personas que acuden a consulta, con quienes adquirimos un compromiso máximo de ayuda. Porque la amistad es mucho más que ocio y diversión. La amistad es entendimiento, apoyo, soporte, red de sostén, contención y asidero ante la vida.

Los amigos son la familia elegida y, como tales, son una representación máxima de nuestra identidad y vinculación con el mundo. Los amigos ostentan un papel tan importante en nuestras vidas, tal es su trascendencia psicológica y emocional, que su influencia en nosotros es tan grande como pretendemos que la nuestra sea en sus vidas. Por eso es imprescindible rodearnos de aquellos a quienes elegimos conscientemente, y que nos quieren de manera equitativa.

1. ¿Es la amistad un foco de conflicto en tu vida o representa todo lo contrario? ¿Alguno de tus amigos te ayuda precisamente a superar tus dificultades (o los problemas por los que potencialmente podrías acudir a consulta) o, por el contrario, alguno de ellos resulta ser un obstáculo para tu tranquilidad?

. . . .

. . . .

. . . .

2. ¿De qué forma o bajo qué premisas cuidas de tus amigos y de qué manera te cuidan ellos a ti?

3. ¿Consideras que te encuentras inmerso en relaciones de igualdad, en todos los casos? Y, ¿fomentas el crecimiento de las personas que te rodean en calidad (que no en cantidad) de amigos tanto como esas personas tratan de aportarte a ti?

....

....

....

....

....

....

....

....

....

....

....

....

....

....

4. Si miras hacia un lugar profundo e íntimo de tu ser, ¿consideras que eliges libremente a esos amigos y eres muy consciente del porqué de tales elecciones?

....

....

....

....

....

....

....

....

....

....

....

....

....

....

....

....

5. Reflexionemos, por último, y de la forma más práctica acerca de la amistad. Dime, o dinos, o dite a ti mismo...

¿Quiénes son tus verdaderos amigos, qué inviertes de tu vida en ellos, cuánto o cómo responden y por qué, pese a que ello tiende a ser muchas veces desigual, todos y cada uno de tus esfuerzos merecen la pena?

....

....

....

....

....

....

....

....

....

....

....

....

....

....

5

LA PAREJA

Cómo gestionar aquello que mueve el mundo: el amor (sin olvidarnos también, irremediablemente, del desamor)

> *«El amor, esa pasión que lleva consigo el desprecio de todas las demás cosas, impulsa al espíritu a buscar la belleza sin otro motivo que la esperanza de ser correspondido en su afecto».*
>
> Séneca

CONOCERSE, reconocerse, encontrarse, elegirse, mantenerse, apoyarse y «sacrificarse» sin dejar nunca de disfrutar juntos y el uno del otro. ¡Ahí es nada!

¿Es esto posible? Sí. Lo es. Pero, para ello, hace falta concebir la pareja con realismo, alejándonos de muchos mitos adquiridos, no pretendiendo ni la inmediatez ni la sencillez de un *match* en alguna aplicación para citas, asumiendo que, quizá, hemos de dejar de buscar ese mismo tipo de pareja a la que ya estamos acostumbrados, pero que tantos sinsabores nos ha devuelto. Hablamos de la pareja entendida desde los preceptos del compromiso, pero, al mismo tiempo, apartada de las esclavitudes propias de los convencionalismos más rancios que subordinan el bienestar personal a la tiranía del prejuicio social.

La pareja es, en gran medida, la base de la construcción del tejido de nuestra sociedad, la piedra angular sobre la que se construye la familia, y el carburante de la estructura emocional del adulto; por ello tiene aparejados ciertos dogmas establecidos de los que hemos de ser conscientes, para desprendernos oportunamente de ellos cuando resulte que constriñen más de lo que aportan a nuestra paz interior.

¿Estás preparado para reconceptualizar tus esquemas acerca de la pareja? No tengo duda de que va a ser un recorrido de grandes descubrimientos y de toma de contacto con herramientas que terminarán por ser imprescindibles de cara a aliviar ansiedades sobrevenidas asociadas a la pareja.

Desgranemos la historia de una pareja en sus fases más prototípicas de su evolución, ¡aunque ello no conlleva necesariamente un orden específico!:

- **El azar** - Hemos de conocernos, reconocernos y... ¡Elegirnos! Porque no todos estamos en todas partes al mismo tiempo ni a todos nos apetece lo mismo todo el rato. Por eso tengo la sensación de que «no existe nadie en el mundo para mí» hasta que, azarosamente, aparece, y un día te da un pequeño vuelco el corazón o, sencillamente, tienes un pálpito que te apetece explorar.

- **Los primeros ajustes** - ¿Estamos seguros de que queremos elegirnos? Porque eso conlleva esfuerzo y ajuste, implica unas cuantas renuncias cotidianas a cambio de un beneficio que no siempre es inmediato.

- **El compromiso** - Verifica que te sigue compensando… Insisto, ¡porque de verdad que cuidar de la pareja, en ocasiones, requiere de mucha implicación y esfuerzo! La pareja influye profundamente en tu proyecto de vida, y por eso no podemos obviar que tienen que existir confluencias y refuerzos mutuos.

- **El amor** - Disfruta sin recelos. Basta ya de reticencias. Vibra, entrégate, sé generoso, quiere y déjate querer, entrégate, ofrece, pide, recibe, vive cada instante, apasiónate, descúbrete y explora. Ilusiónate. El amor es maravilloso, el amor mueve el mundo y hace que muchas cosas tengan sentido. No te cohíbas, no temas, prepararse para el dolor no significa prevenirlos, sino privarse de vivir.

- **Las etapas que llegan a su fin** - Y… Una vez orquestado todo el escenario… ¿Qué indicadores nos dicen que ya empieza a ser más rentable desmontarlo? Lamentablemente el amor se puede acabar, se puede gastar y hasta viciar. Tan importante es elegirnos como saber dejar de hacerlo sin perder media vida por el camino. Quizá no tengas que enfrentarte a ello jamás pero, seamos realistas, abordemos también aquello para lo que nadie nos prepara: el desamor.

Primer paso: encontrarse y elegirse (libremente, a poder ser)

¿Te has parado a pensar que la elección de pareja es la más arbitraria, egocéntrica, interesada y, a la vez, más azarosa de todas las elecciones a las que nos enfrentamos a lo largo de la vida? Elegimos al otro en función de nuestras necesidades afectivas, y lo elegimos de tal modo que sea el candidato idóneo para poderlas satisfacer. Cierto es que nos equivocamos si pretendemos que sea él quien supla todas nuestras carencias, compense todas nuestras frustraciones o alivie todos nuestros miedos; pero no es menos cierto que, efectivamente, la pareja, cuando es elegida, responde a una serie de criterios absolutamente personales, fruto de nuestras preferencias y experiencias. El vínculo que establecemos con nuestra pareja reúne una serie de requisitos que, aunque no son estáticos y pueden variar en el tiempo como en forma o intensidad, no dejan de ser absolutamente subjetivos y particulares.

Por eso, lo ideal sería elegir con absoluta libertad. No concibo una elección que no sea libre, pues, de lo contrario, de no existir alternativas o de no sentirse uno lo bastante autónomo, preparado y dispuesto para poder elegir, no me atrevería siquiera a hablar de «elección de pareja», sino de comportamiento de conformidad motivado por los condicionantes de miedo o de necesidad.

Al mismo tiempo, para terminar de rizar el rizo en esto de seleccionar al compañero de cuya mano caminamos, con quien nos ilusionamos y a quien abrimos las puertas de lo más íntimo de nuestro ser, resulta que la elección de tal o tal otra persona responde a un potentísimo componente que quizá no te hayas parado nunca a considerar: el componente azaroso de lo puramente circunstancial. Cuestión de suerte, o de mala suerte. Y esto es algo que nos cuesta mucho integrar porque, en el fondo, nos encanta creer en la teoría de la media naranja. Aunque reconforta pensar que en el mundo hay alguien creado a nuestra imagen y semejanza, preparado para compenetrarnos al máximo y darle sentido a todo, aunque nos alienta la idea de seguir intentando las cosas hasta dar con ese ser aún desconocido, lo cierto es que el encuentro vital con otra persona es primaria y principalmente una cuestión de *timing*.

Siento cargarme la magia, pero creo profundamente que así es.

¿Cuántas veces el supuesto hombre o mujer de tu vida no habrá pasado delante de tus ojos sin que te hayas percatado siquiera de ello? ¿Cuántas veces no estabas disponible o suficientemente abierto como para mirar a tu alrededor con disposición? ¿Cuántas veces alguien ha pasado desapercibido por el mero hecho de que, en ese momento, no tenías «ojos de ver»? Probablemente unas cuantas decenas de veces te haya sucedido algo parecido, sin que nunca vayas a ser plenamente consciente de ello.

Otras veces, en cambio, te preguntas por qué te fijaste en tal persona. Por qué se coló alguien entre tus pensamientos cuando menos lo esperabas o, peor aún, cuando estabas emparejado y tanto sufrimiento te costó lidiar con aquellas contradictorias e incontrolables emociones. Pues sería verdad que estabas tan a gusto y que no lo buscabas, pero algo en ti te predisponía a hacer un clic que, en otro momento, quizá jamás habrías hecho. Fuiste permeable a ese alguien, porque estabas preparado para estarlo, porque en tu pareja existían fisuras que desconocías (nada se cuela en una pareja si no existe tal grieta por la que colarse), o sencillamente porque, después de un tiempo solo, empezabas ya a mostrar cierta predisposición para compartir experiencias e intimidad con alguien además de tu familia o amigos. La misma persona que, en un momento dado, no despierta tu interés ni en lo más mínimo, puede tornarse en candidato idóneo a ser elegido en otro momento vital distinto. Eso es el *timing*. Por difícil que resulte de creer, así de relevante es el azar del momento en el que nos encontramos al tomar decisiones de tanta repercusión como la de elegir a alguien como compañero de vida.

Pero, regresemos a ese concepto de elección… Si la pareja se elige, y si lo ideal es ser lo más libre posible para formular tal elección, entonces lo primero que hemos de hacer es ser bien conscientes de cuáles son los condicionantes desde los que elegimos. El objetivo no es otro que el de liberarnos de aquellos criterios de elección que, de manera más o menos inconsciente nos constriñen y atentan contra nuestra autonomía, para así propiciar elecciones sanas basadas en elementos de aporte y enriquecimiento personal. De lo contrario, viviremos abocados al fracaso, no solo por equivocarnos a la hora de elegir, sino por tender a reproducir ese mismo error una y otra vez, sin límite.

¿Cuántas veces has constatado que hay personas que repiten un patrón idéntico de relación una y otra vez y lo van perpetuando de una pareja a otra? Quizá hasta lo hayas vivido en tus propias carnes. Tal fenómeno se produce cuando elegimos desde la necesidad, sin sanar previamente nuestras propias heridas, depositando sobre el otro la inviable carga de tener que tapar nuestras inseguridades y compensar las frustraciones que hemos ido acumulando en la mochila con el paso de los años.

Y, con todo y con eso, una elección sana de pareja no termina aquí. Una vez nos hemos asegurado de que no estamos eligiendo por defecto, hemos de mirar hacia el futuro y tomar decisiones racionales, procurando, en la medida de lo posible, que el enamoramiento nos ciegue lo mínimo imprescindible. Es posible que elegir desde la serenidad y la cordura nos lleve un tiempo, pero es fundamental que lleguemos a hacerlo. La pareja puede limitar o potenciar tu proyecto de vida, y hemos de velar siempre por conseguir lo segundo.

¿Queremos más o menos las mismas cosas en todo lo que tiene que ver con los hitos vitales más significativos? ¿Elegimos estilos de vida que son compatibles? ¿Nuestros intereses y caminos se cruzan en algún punto del camino? ¿Nos queremos desde el respeto y nos apoyamos en la construcción de un proyecto que es sólido y tiene recorrido a futuro?

Aunque todo es definitivo hasta que se decide lo contrario, lo cierto es que, al menos por un tiempo prudencial, sí que hemos de confiar en la durabilidad y estabilidad de las apuestas que hacemos. Aunque luego nada sea para siempre, durante un momento tuvimos que confiar en que sí que lo sería. Por eso, esta decisión, la de la elección de pareja, como no puede ser de otra manera, puede y debe ser revisitada en el tiempo.

¿Seguimos o lo dejamos? Es una pregunta que no debemos hacernos de manera incesante —de lo contrario, la vida nunca nos depararía «etapas valle» de crecimiento en las que saborear las mieles de la tranquilidad—, pero que tampoco podemos perder de vista eternamente. En pareja, el popular dicho de «Contigo pan y cebolla» no suele ser garante de la satisfacción personal de ninguno de sus miembros.

No estoy destruyendo el amor, no estoy pretendiendo convertir la pareja en un proceso de selección utilitarista al más puro estilo de un departamento de recursos humanos de una despiadada multinacional. Por supuesto que existe el amor y claro que tejemos vínculos afectivos vehiculizados por el cariño, la pasión, la empatía y el altruismo. Pero, si no somos explícitamente conscientes de qué es lo que queremos, desde dónde estamos eligiendo y hacia dónde queremos ir, nos enredaremos en relaciones frustrantes que rara vez satisfarán nuestras expectativas ni contribuirán a nuestra sensación de realización y crecimiento personal. ¡Cuánto sufrimiento ahorrado con solo ponerle algo de cabeza a eso de elegir a quién queremos al lado!

En la libre elección de la pareja es tan importante tomar conciencia de los motivos que nos llevan a querer compartir nuestra vida con esa persona como, una vez resuelto ese primer escollo, aceptar a quien tenemos al lado tal cual es, sabiendo que, si queremos cambiarlo, entonces lo que falla no es el otro, sino nuestra propia elección que ha de ser revocada.

Segundo paso: establecer el compromiso sin olvidarte de que la pareja solo se mantiene porque reconforta más de lo que cuesta

Como una cuenta de ahorro o un imaginario plan de pensiones sin riesgo, pero que solo renta a base de esfuerzo. Cuesta meter dinero en una cuenta de ahorro por muy rentable que nos hayan explicado que es. Ganar ese dinero cuesta, y además hay que privarse de algunos caprichos y recortar algunos cuantos gastos, pero lo invertimos en un fin determinado, cuando estamos seguros de que habrá merecido la pena en el corto y el medio plazo.

Sí, la pareja se mantiene a base de compromiso. La vida en pareja conlleva una enorme cantidad de renuncias y la convivencia supone hacer muchas concesiones que, ciertamente, la soltería nos podría evitar. Sin embargo, si elegimos estar en pareja es porque nos aporta mucho más de lo que nos resta. Por eso es importante comprometernos y valorar lo que tenemos siempre en base a una proyección a largo plazo, no tan centrada en el aquí y el ahora, sino en la construcción de todo un esquema vital, tan impredecible en la práctica (a la realidad me remito, que te sacude cuando menos lo esperas) como apetecible y deseable en su trazo sobre el papel.

La complejidad del compromiso

EL compromiso no puede significar un «Contigo todo, para siempre, y a toda costa», sin importar lo que sacrifiquemos por el camino. Queremos y queremos querer. Queremos y nos gusta que nos quieran. Por supuesto que necesitamos cierto grado de seguridad en relación con el futuro para poder construir, para tomar decisiones, para hacer vida, en definitiva. Pero tampoco es sano entregarse sin garantía, ni consideración propia alguna, a una relación por el mero hecho de haberla establecido en el pasado.

El compromiso es, desde mi punto de vista de ver las cosas, el núcleo fundamental de las relaciones de pareja auténticas; es ese elemento que es deseable mantener... Hasta que el equilibrio queda claramente roto, hasta que me doy cuenta de que estoy en un lugar en el que no quiero estar.

¿Es importante y necesario comprometerse en la pareja? ¡Por supuesto que lo es! El compromiso es para toda la vida y es para siempre... Hasta que se decide lo contrario. Nada, menos la muerte, implica una absoluta irreversibilidad. Por eso nos comprometemos con garantías; y precisamente por eso no hemos de no comprometernos. Sin compromiso las relaciones resultan superficiales y poco implicadas. Sin compromiso no hay construcción a largo plazo ni confianza real. Sin compromiso no tenemos siquiera la posibilidad de sentirnos confortablemente cuidados. Y las relaciones de pareja son, también o ante todo, relaciones de cuidado.

¿Cuándo se ha de romper el compromiso? Esta es, creo, la gran pregunta. Seguida del cómo, claro está. En pareja, las claves son claras: cuando uno toma conciencia de que ya no va a ser capaz de mantenerlo, cuando uno es —hasta ahí podemos llegar— sabedor de que no quiere mantenerlo, cuando el compromiso haya perdido valor, o cuando sostenerlo implica despreciar tanto a uno mismo, en el sentido de su proyecto vital o aspiracional, como a aquel con quién se mantenía activo disco compromiso. A partir de ese momento procede ser honestos y, por mucho que nos cueste, procede pasar a la acción. Y cuesta, vaya si nos cuesta... Cuesta reconocerlo y cuesta ponerse manos a la obra a conciencia.

> Reconocerte ante ti mismo que ya no te mantienes o no quieres mantenerte fiel a un compromiso que un día adquiriste puede ser más costoso y conllevar más autocuestionamiento que todo el reproche o la repercusión social que ello pueda conllevar.

En el modo de hacer lo que acabamos de describir es como se da o no la talla. Nunca es fácil plantarse delante de nadie y romper una relación de pareja, con todo lo que ello supone en cuanto a la ruptura de lazos emocionales y vínculos familiares se refiere, y también por lo que respecta a desprenderse de espacios de seguridad y rutinas cotidianas. Por eso el cómo se ha de basar en la honestidad y la humildad. Cuanto antes mejor. Sin engañar y sin manipular. Sin falsas expectativas, sin medias verdades, sin más daño que el que no querernos causar, pero nuestros actos llevan intrínsecamente aparejados.

La pasión, otro de los grandes ingredientes de la pareja plena y satisfactoria

Los otros dos componentes principales de la pareja, la intimidad y la pasión, tal y como el gran Stenberg nos hablaba del amor, también han de ser contemplados desde una perspectiva práctica; un enfoque que nos permita entender su verdadera trascendencia sin que nos dejemos llevar por lo más superfluo, o sin poner tiritas antes de que exista siquiera herida. La pasión y la intimidad se han de cuidar, del mismo modo que se ha de saber cuándo sus bajas intensidades empiezan a ser irremediablemente preocupantes y dejan de ser dificultades salvables en un matrimonio o en una relación de pareja.

¿Qué es la pasión? Arrebato, desenfreno y frenesí. Lujuria, erotismo y deseo. Típicamente la pasión se asocia a la pareja, y a su sexualidad. Sin embargo, o, mejor dicho, dejando todos estos aspectos a un lado, también una relación paterno-filial conlleva pasión, aunque con otros matices y otras connotaciones bien diferentes. Una relación de amistad, una afición o una mascota pueden cuidarse también con pasión. Se nos olvida que la pasión se cultiva en numerosas áreas de nuestra vida, y eso repercute negativamente sobre la pareja, porque hace que depositemos demasiada responsabilidad sobre ella.

La pareja es una exclusiva, inigualable y arrebatadora fuente de pasión, hay personas que añoran toda su vida el enamoramiento pasional de los primeros tiempos, y otras que se vuelven prácticamente adictas a esa sensación, hasta el punto de «consumir» relaciones de forma casi compulsiva, buscando no perder nunca la sensación de que las mariposas del alma los acompañan. Pero, cuando la pasión decrece o se desvanece, no es justo culpar únicamente a la pareja de esa pérdida de entusiasmo, predilección y frenesí. También nosotros habremos descuidado algo por el camino, tal vez hayamos dejado de ser «generalizadamente apasionados» con la vida, quizá pasamos a ser un espectador pasivo de aquello que dimos por hecho y, en realidad, nunca hay que dejar de cuidar.

Pero, volviendo, ahora sí, concretamente a la pasión estrictamente vinculada a la pareja, la pasión es fervor, adherencia y estimulación. A día de hoy, entendiendo las relaciones del modo en el que más comúnmente se suelen establecer (pues no hablamos ya de matrimonios de compromiso o de relaciones preestablecidas, eso son ya realidades de otro tiempo aún no completamente erradicadas, pero sí fuera de todo arquetipo social), la pasión parece que decrece inexorablemente con el tiempo.

Nota mental: reflexionemos, una vez más, si no seguimos confundiendo reiteradamente el amor con el enamoramiento, y si no somos nosotros los que hemos dejado de vivir apasionadamente la vida.

Por ello, aunque eso es estadísticamente cierto, no es menos cierto que es posible cuidarla y también relanzarla. La pasión va disminuyendo con el paso del tiempo por efecto de la rutina, porque acusa los impactos del resto de problemáticas que rodean a toda relación de pareja, porque se resiente con cada conflicto familiar y porque también en su detrimento actúan las vicisitudes individuales. Sin embargo, el deseo se puede cultivar, la sexualidad se puede y se debe alimentar y la pasión se puede reavivar.

Partiendo de esta base, ¿es posible mantener una relación cuando este componente pasional se ha perdido por completo? Se puede, sí, pero se ha de elegir que se puede. Se puede, si se quiere. Es posible que el compromiso esté por encima de todo, que se acuerde mantenerlo a pesar de todo, por compensación de ambos del tipo que sea, o quizá, sencillamente, la renuncia a la pasión sea mutua por cualquier otro motivo. Es posible que la pareja quiera mantenerse contra viento y marea, que el cuidado recíproco sea más que suficiente en un momento dado, o que el quererse valga *per se,* aun a pesar de muchas circunstancias colaterales. Lo que nos daña es no ser conscientes de las renuncias que hacemos y, a pesar de ello, perseverar en su mantenimiento. Si la pasión es una prioridad, no es factible contarse a uno mismo que se puede vivir sin ella. Las mentiras, también los autoengaños o «automentiras», tienen las patas muy cortas.

Y aún nos queda la intimidad… Eso que realmente nos reconcilia con la vida, y con uno mismo, al final del día

Dos ancianos que se miran a los ojos y no tienen ni que articular palabra. Dos personas que se sonríen solo con el gesto, con los ojos y con el alma. Dos personas que se cuentan todo al final del día. Dos personas que confiesan sus miedos la una frente a la otra, y que se susurran palabras de amor, o de desgarro, mientras perciben el olor de la profundidad de sus pieles. Dos personas que se giran al unísono en la cama y se saben, ambas dos, conocedoras del momento exacto del ciclo de sueño en el que se encuentra el otro. Dos personas que sintonizan con lo que saben que preocupa al otro o que, solo con un susurro, se hacen partícipes del estado emocional del otro.

Al estilo del maravilloso postromántico Bécquer, del mismo modo que afirmaba aquello de que «mientras haya una mujer hermosa, habrá poesía», también podríamos decir que «mientras haya una pareja cómplice, habrá intimidad». Intimidad es confianza y familiaridad, también conlleva una altísima dosis de compañerismo o confraternidad.

¿Acaso hay algo más maravilloso en el mundo que sentir que caminas de la mano de alguien que te entiende en lo más profundo?

Yo quiero intimidad en mi pareja. Yo quiero esa mirada cómplice, ese gesto adelantado y ese ademán que puede o no ser verbalizado, pero que supone una declaración de intenciones de cuidado, por encima de todas las cosas. Yo quiero querer con intimidad y que me quieran íntimamente.

Es tan bonito el amor... Y... ¿por qué tan largo el olvido? Parafraseando a nuestro querido poeta Pablo Neruda, pues precisamente por eso, porque hubo intimidad. Porque hubo intimidad hay dificultad para alejarse de ella, para romper el día a día y renunciar a la calidez de un abrazo bien dado. Cuando hubo intimidad es complicado hacerse a la idea de que dejará de haberla, quizá para siempre, pues sentirse íntimamente querido uno de los estados más reconfortantes de todos en los que el ser humano puede encontrarse. Allí donde hubo intimidad existe siempre una parte proporcional de amargo dolor. La intimidad perdida es la seguridad perdida en un mundo en el que no hay nada que cotice más alto que el deseo de sentirnos con seguridad.

La intimidad es eso que hace que puedas mirar a tu pareja y sentir que tú y solo tú puedes leerle de manera tan cómplice, y que ella y solo ella puede proporcionarte esa seguridad tan hondamente reconfortante.

Y, de entre todos estos componentes, ¿cuál es más importante cultivar o fomentar en la pareja? ¿Hay alguno que cumpla una función más imprescindible que otro? Lo ideal sería no tener nunca que escoger.

La intimidad, la pasión y el compromiso constituyen los ingredientes básicos de toda relación de pareja, pero, lo que sí que es cierto, es que no todos pesan por igual en todas las etapas de una relación. Lo ideal sería no tener nunca que renunciar a ninguno de los componentes del amor, yo al menos no querría renunciar a ni un solo ápice de ni uno solo de ellos. Pero las relaciones están vivas, evolucionan, como nosotros, y las personas no tenemos las mismas prioridades en distintos momentos vitales.

Por eso es tan importante ser consciente de cómo está funcionando nuestra pareja y de cuáles de sus nutrientes hemos de esforzarnos por cultivar en mayor medida. La pasión se reaviva por temporadas, la intimidad puede no dejar nunca de crecer y el compromiso se afianza a consecuencia de la sucesión de determinados hitos vitales. Pero nada de eso sucede solo. El tiempo no cura las cosas, a menudo lo que hace es deteriorarlas si pasa en balde, sin implicación y sin conciencia activa. La pareja no puede darse por sentada, se ha de cuidar en todo momento, sabiendo que no siempre podremos disfrutarla de la misma manera y no instalarnos en que cualquier tiempo pasado siempre fue mejor, es una hazaña que depende íntegramente de nosotros.

La pareja evoluciona, sus componentes varían en intensidad, y para que siga siendo gratificante requiere de nuestra implicación consciente y muy activa.

Tercer paso (y, no por ello, menos importante): dejar de elegirse

Relación exprimida, etapa consumada, vida enriquecida y nunca tiempo perdido. Pero, ahora, lo que más duele. Porque... ¡Cuánto cuesta hablar de desamor! ¡Cuánto nos cuesta desprendernos de alguien que un día ocupó un papel relevante en nuestras vidas! ¡Cuánto cuesta romper una relación de pareja y cuántas dudas, miedos, inseguridades y culpas nos asaltan a la hora de hacerlo! Hemos integrado que continuar es bueno y romper es malo. Nuestra cultura nos ha hecho interiorizar que casarse es maravilloso y divorciarse, en contraposición, un desastroso fracaso; como si todo discurso continuista tuviera que beneficiarnos a la fuerza, como si lo rompedor fuera sinónimo de descalabro.

¿De verdad crees que esta manera tan simplista de concebir las relaciones se ajusta a la realidad de nuestras vidas? Tan importante es elegirse como... ¡Dejar de hacerlo a tiempo y antes de que mucho de nuestra existencia se haya visto sacrificado y comprometido!

Rompamos, en este sentido, todos los estereotipos asociados a la pareja que tanto nos lastran. En consulta atiendo multitud de pacientes con intensísimos niveles de insatisfacción grupal que llevan años persiguiendo metas que ya no son suyas (o, peor aún, viviendo sin meta ni aspiración motivadora alguna), «acompañados» de compañeros de vida a los que ya no admiran, enfrascados en rutinas que, más que incentivar su día a día, sienten que les roban la poca o la mucha vida que pueda quedarles.

Por supuesto que duele romper una pareja. Uno no se enfrenta a un único duelo, sino a muchos y muy complejos procesos de aceptación de la pérdida que confluyen en un cuadro de dolor compuesto por múltiples mosaicos, a cada cual más desgarrador y desconsolado. Alejarte de un compañero de vida supone dejar atrás la idea de un proyecto y la ilusión de un porvenir. Romper con tu pareja no es solo romper con tu pareja: es alejarte de tu vida tal y como la habías concebido hasta el instante actual, es perder tu rutina (que, mal que bien, algo de seguridad nos daba y en la que, a ratos, sí encontrábamos la forma de sentirnos a salvo), es atreverte a renunciar a parte de tu familia, es romper todo ese sistema social construido que os rodeaba de manera aparentemente natural, pero que solo se mantenía en torno a un núcleo de pareja que todo lo sostenía. Muchas cosas se disipan cuando uno rompe una pareja, muchas más de las que en un primer momento cabe imaginar.

Pero, ¿significa eso que haya que mantener una estructura de vida sin importar nada más, a pesar de todo y hasta por encima de mí mismo? El miedo al daño que vamos a experimentar y el miedo al daño que vamos a causar son los dos argumentos que más a menudo esgrimimos para no atrevernos a dar ese paso que tanto deseamos, con el que fantaseamos incluso, pero que se nos antoja inalcanzable. Nuevamente el miedo y la culpa acechando y bloqueándonos, como un niño indefenso ante la amenaza nocturna del hombre del saco.

Tan importante es elegirse como dejar de hacerlo a tiempo, antes de arrastrar la insatisfacción de una vida no deseada al lado de la persona no elegida y, peor aún, acumulando rabia en contra de quien tampoco la merece realmente.

¿Eres hoy la misma persona que hace 20 años? ¿Te gustan las mismas cosas? ¿Deseas las mismas cosas? ¿Tienes las mismas inquietudes y te planteas las mismas decisiones? ¿Te diviertes de la misma manera y te tomas el futuro con las mismas expectativas? ¿Sientes las mismas necesidades? Puede que sí, o puede que no. Y eso no es ni bueno ni malo, simplemente es un hecho. Y lo mismo sucede con la persona que tienes al lado que, huelga decirlo, tiene el mismo derecho que tú —o, mejor dicho, casi la misma obligación, me atrevería a decir— de hacerse esas mismas preguntas y obtener sus propias respuestas, hasta replantearse su situación vital si ello es necesario.

Por supuesto que es costoso romper una relación de pareja. No es que duela, es que es desgarrador, duele muchísimo, hasta el extremo. Algunos de mis pacientes me han confesado que temen más el duelo por una separación que el duelo por un fallecimiento (cuando este se produce en circunstancias más o menos normales). Es más, lo que suelo apreciar en consulta es que ese dolor comienza muchísimo tiempo antes de dar ningún paso tangible, y sume a la persona en un desagradabilísimo e intensísimo tormento. El tormento de la culpa anticipada que acabamos de mencionar...

¿Cómo voy a ser yo quien le dé este disgusto a mis padres? ¿Cómo voy a interferir de esta manera en la vida de mis hijos? ¿Cómo se me ocurre hacerle tanto daño a esta persona que tanto me quiere? ¿Voy a ser yo el monstruo que rompa la familia? Y, si, a fin de cuentas, es una buena persona, ¿por qué no aguantar sin hacerme tantas preguntas y tratar de no hacer caso a lo que mis emociones me dictan? No nos dejemos llevar por el sensacionalismo más aparentemente obvio (pero no tan contrastadamente racional). Respondamos con sensatez, raciocinio, coherencia y madurez a todas estas cuestiones, con todas las complejas derivadas que llevan aparejadas.

Cuando quiero romper y siento que no puedo...

7 formas de dar respuesta a la farragosa culpa que me impide romper con una pareja (y continuar mi camino por donde solo yo deseo)
1. No, con quererse no basta, hacen falta muchas cosas más para seguir construyendo un proyecto de vida en conjunto.
2. Tampoco nos basta una buena persona al lado... Ojalá fuera tan fácil. Por suerte, son más las buenas que las malas personas en el mundo, pero no todas pueden ocupar un rol tan valioso en nuestras vidas como el rol de pareja.
3. Tú no dañas al otro, no tenías mala intención ni un maligno plan premeditado; el otro se duele de manera inevitable pero, como adulto que es, acabará estando preparado para poder asumirlo.
4. Todo adulto que intima y se relaciona con otro se vuelve más permeable a su influencia y, por lo tanto, también irremediablemente más vulnerable ante la posibilidad de sufrir.
5. Todos sin excepción, también tú, en el mismo momento en el que tenemos la suerte de ser elegidos, nos exponemos a la desdicha de dejar de serlo.
6. Lo que sí tienes es la responsabilidad de hacer las cosas de la manera más honesta y más inocua posible, y por ello has de ser sincero, concreto y conciso, además de no alargar las cosas a partir del momento en el que sepas quela decisión está tomada.
7. No, mañana no seréis amigos, pero si hay afecto y respeto, prevalecerá siempre, con independencia de que la vida os vuelva a juntar algún día u os aleje para siempre.

Una vez comunicada tu decisión, empieza un momento que es tanto de liberación como de carga. Llega el auténtico momento de la humildad, en mi experiencia. Y es que, por mucho que te cueste, llega el momento de mostrar tu máximo respeto a la otra persona, hasta el punto de dejarla auténticamente libre.

Ya no puedes pretender seguir siendo importante en su vida, ya no procede que te escuche o que atienda a tus razones, ya no vale desear que piense de ti en determinados términos... Ese alguien ya no ostenta ninguna responsabilidad ni «obligación» de lealtad en todo a lo que la satisfacción de tus deseos se refiere.

Prepárate: pensará mal de ti, reinterpretará su propia historia de vida contigo, construirá su propio relato, te convertirás en el malo o en la mala de la película, se dotará de sus propios argumentos. Puedes no estar de acuerdo, puedes sentir que todo es profundamente injusto, pero no tendrás más remedio que aceptarlo. Le has dejado ir, no está justificado que quieras seguir contando en su vida de la misma manera, o disponiendo del mismo aval predeterminado del que antes disponías. Es duro, lo sé. Pero es necesario.

La vida es una incesante sucesión de cambios (y, en consonancia, también de angustias, frustraciones y duelos). ¿Por qué pretender que nuestras elecciones, preferencias y compañías sigan siendo siempre las mismas, con independencia de las transformaciones vitales a las que irremediablemente estamos supeditados?

Con responsabilidad emocional, sin dejar nunca de forma deliberada cadáveres emocionales a nuestro alrededor, habremos de hacernos cargo de nuestras propias posiciones, y defenderlas. Nadie más lo hará por nosotros.

Sirvan de ejemplo estos versos de Fritz Perls que os mostramos en la herramienta para ilustrar esta defensa madura y respetuosa de la elección (y la no elección) de la pareja como parte de todos esos cruces de caminos en los que la vida nos obliga a posicionarnos. Sirvan de ejemplo estos versos de Fritz Perls para ilustrar esa idea del amor como un amable asidero que nos amarra cuando es pertinente, pero nos invita a descolgarnos cuando nos damos cuenta de que nuestra senda está en otro lugar.

Sirva, por último, esta reflexión para amar con autonomía y libertad, asumiendo las vicisitudes frente a las que uno nunca está protegido, permitiendo también que los demás nos amen libremente, y desasociando el amor de la posesión, el control o la satisfacción servicial de nuestras necesidades más íntimas.

HERRAMIENTA 11......................

¿Se te ocurre un recurso más sanador que el contenido del mensaje de esta poesía?

Yo soy yo, tú eres tú.

Yo soy Yo. Tú eres Tú.
Yo no estoy en este mundo para cumplir tus expectativas
Tú no estás en este mundo para cumplir las mías.

Tú eres Tú.
Yo soy Yo.

Si en algún momento o en algún punto nos encontramos
será maravilloso.
Si no, no puede remediarse.

Falto de amor a Mí mismo
cuando en el intento de complacerte me traiciono.

Falto de amor a Ti
cuando intento que seas como yo quiero
en vez de aceptarte como realmente eres.

Tú eres Tú, y Yo soy Yo.

No puedo pensar en un mensaje más limpio y pulcro, más respetuoso o más desinteresado a este respecto. En pocas líneas queda sintetizado el poder de la autonomía individual y el carácter libre de la elección de pareja. Eso mismo que tanto duele cuando uno se empieza a saber indiferente para el otro, es inversamente proporcional al amor y el recogimiento reconstituyente que uno experimenta cuando se sabe elegido, querido, deseado y cuidado. Sobre nosotros recae la necesidad de equilibrar ambos extremos, para que ni uno sea tan doloroso que nos llegue a arrancar, en carne viva, un pedacito de nuestras entrañas, ni el otro tan potente como para hacernos olvidar nuestra valiosísima individualidad y nuestro, al margen de atributos y embellecedores externos; sin necesidad de salvadores.

Qué bonito es querer y saberse querido,
sin manipulaciones, sin vacíos que compensar,
sin necesidades subyacentes, simplemente por el deseo
de hacerlo y porque las ganancias emocionales superan
con creces a las renuncias implícitas.

Es posible vivir una vida entera sin saber lo que es el amor. Lo es. Porque el amor es tan azaroso y depende tanto de tantas circunstancias que puede suceder, porque sí, o puede no hacerlo jamás.

Así de injusta es la vida, así de injusto es el amor. Por eso, porque cuesta tanto lograrlo, merece la pena cuidarlo (si procede) y mantenerlo (siempre que sea pertinente). Por los mismos motivos lógicos (y de verdad que esto es lógico y no es nada paradójico, aunque pueda parecerlo, que también...), cuesta tanto mantenerlo como tomar la decisión de que la mejor dirección posible pasa por renunciar a él.

Deberían enseñarnos, desde el colegio, una potente educación emocional; que nos ayudara a identificar, vehiculizar, expresar y gestionar emociones tan potentes y complejas como el amor (además de otras tantas más) y que, de paso, nos permitiese adquirir, desde bien temprano, la capacidad para renunciar a aquel o aquella persona que previamente hubiera renunciado a nosotros.

¿Cuánto nos ahorraríamos en sufrimiento si existiera una fórmula magistral (por ejemplo, trébol de cuatro hojas escarchado) para evitar pasar por el mal trago del mal de amores? Pensemos en cuáles pueden ser esas directrices eficaces y prácticas (pero, no por ello, menos realistas) para conducirnos en el terreno del amor sin caer en el sufrimiento o el resentimiento mas absurdo e innecesario.

1. ¿Qué te une a tu pareja? ¿Cómo te vinculas a él o a ella? ¿Cuáles son los motivos por los que, cada mañana, decides elegir a esa persona y no a otra?

2. ¿Sientes la potencia de la reciprocidad y del amor mutuo? ¡Ojo! ¿Que todo ello tiene mil formas de manifestarse?

....

....

....

....

....

....

....

....

....

....

....

....

....

....

....

3. ¿Cuál es tu proyecto de vida y cómo casa (sin que todo tenga que pasar por el casamiento, por supuesto) con el de la otra persona?

....
....
....
....
....
....
....
....
....
....
....
....
....
....
....

4. ¿Habláis abiertamente, juntos, acerca de todo esto? ¿Puedes expresar emociones y comunicar ideas (por macabras que, en un momento de irracionalidad, puedan parecer) con total tranquilidad y absoluta confianza y sabiendo que solo puedes estar abierto a recibir el mismo tipo de mensajes?

....
....
....
....
....
....
....
....
....
....
....
....
....
....
....

5. Y, para terminar, responde a las siguientes cuestiones con la idea que más rápidamente venga a tu mente:

¿Le quieres?

....

....

....

¿Le adoras?

....

....

....

¿Confías plenamente en él?

....

....

....

¿Quieres pasar mucho tiempo con esa persona?

....

....

....

¿Saca lo mejor de ti, la mayor parte del tiempo?

. . . .

. . . .

. . . .

¿Te enriquece, aporta y ayuda a crecer?

. . . .

. . . .

. . . .

¿Le deseas siempre, o la mayor parte del tiempo (o con enorme frecuencia)?

. . . .

. . . .

. . . .

¿Has respondido a todo?

¿Sí?

Pues ya está...

capítulo

6

CONMIGO

Ejercicios para mantenerme equilibrado y gestionarme con cabeza en los apuros

«El primer paso para corregir nuestros vicios
es reconocer que los tenemos».

Séneca

Y, completando, con todo el respeto del mundo, el mensaje de nuestro amigo estoico, si además logramos entendernos e identificar de dónde vienen tales vicios ¡mejor que mejor! Trabajemos el vicio como medio para cultivar la virtud.

¿Quién eres y quién quieres ser? ¿Cómo quieres presentarte ante los demás? ¿A quién quieres parecerte o qué tendencias o atributos son los que predominantemente quieres que te caractericen? ¿Cuál es la manera de pensarte a ti mismo que más orgulloso te hace sentir? Y, en caso de que todas tus respuestas sean sobre que falta algo, ¿cuáles son los cambios que has de introducir para asemejarte, efectivamente, a esa idea proyectada de la proyección coherente y consistente identidad?

Muy a menudo me doy cuenta, en sesión, de que nuestras insatisfacciones más recónditas, inexplicables y peliagudas de resolver están relacionadas con todas estas cuestiones. Y abren un recorrido de toma de conciencia y toma de decisiones cuyo hilo conductor es muy sencillo de entender, pero bastante más complejo de desenmarañar: nuestras autoestimas (y, con ello, también nuestra forma de concebirnos y nuestros revulsivos para seguir motivados en este retador mundo) acusan tanto desajuste o deterioro como la distancia que existe entre el modo en el que nos pensamos a nosotros mismos y la forma en cómo realmente nos comportamos, es decir, entre la manera en la que queremos proyectarnos ante el mundo y lo que realmente hacemos para conducirnos por la vida. Esa disonancia es nuestra perdición.

HERRAMIENTA 12......................

Reconocer e identificar para empezar a hacernos cargo... De nuestras propias no virtudes.

¿Te reconoces en cualquier autocuestionamiento equivalente? Dejemos de permitir que nuestra mano derecha no sepa lo que hace nuestra mano izquierda.

Soy una persona noble, pero menuda puñalada trapera le he dado a un amigo hace no mucho tiempo... No me considero vengativo, pero no pude evitar alegrarme cuando me dijeron que habían echado del trabajo a ese ex que tan manipulador y despiadado había sido conmigo... Soy generosa, pero no he sido capaz de ayudar a mi sobrino cuando me lo ha pedido y tampoco me costaba tanto... Soy asertiva y presumo de que me gusta hablar las cosas, pero arrastro un rencor que me reconcome por dentro y me aleja de un amigo a quien no consigo confrontar lo que considero que me hizo sin motivo alguno que lo justifique...

Y, con todo y con eso, habiendo podido remover conciencias sensibles, todavía hasta este punto continuamos, por el momento, manteniéndonos del lado sano, del lado de la dimensión más identificable, abordable y resoluble posible. Hasta aquí conservamos lo más importante que es la capacidad crítica y la posibilidad de no negarnos a nosotros mismos la oportunidad de obrar en consecuencia. Por el momento, hasta este punto, seguimos siendo aún conscientes de cuáles son las acciones concretas que nos alejan de nuestra identidad y de nuestra personalidad, las que nos alejan de aquello que más valor humano nos da y, por lo tanto, de no rectificar a tiempo, nos acabarían por convertir en personas evitativas que se saltan sus propias normas y se medio engañan a sí mismas con tal de no afrontar la realidad tal cual es.

Partiendo de ahí, el problema de fondo se forja a base de acumular muchas, muchísimas situaciones de este tipo, no resueltas, a base de muchos patrones de acción traicionados y de todas las (auto) deslealtades que hemos tratado de ocultarnos ante nuestros propios ojos. No es tan sencillo como que un día me salté la dieta y no dije nada, no… Es más bien algo parecido a que durante muchos días seguidos, en muchas situaciones distintas, y ante contextos bastante generalizables no me he mantenido fiel a mis propios principios y he sido reincidentemente delictivo en la traición a mí mismo. Hasta el punto de no saber ya, a día de hoy, si me parezco más a la persona que creo ser o que quiero ser, o a la que realmente soy, a esa que realmente hace, actúa, y cuyos actos tienen repercusiones tangibles en el día a día.

¿Soy muy amigo de mis amigos cuando no los he llamado en semanas? ¿Soy un buen cuidador de mi familia y de los míos en general cuando desaparezco de sus vidas? ¿Realmente mantengo esas relaciones de confianza cuando, a la primera de cambio, me aíslo, me oculto, y les niego la posibilidad de acercarse a mí íntimamente? Ojo, y todo ello sin que, detrás de cualquiera de estas situaciones —ya te adelantaba que mucho más complejas de lo que *a priori* puede parecer— tenga que prevalecer la maldad. Suele haber, antes, sufrimiento que maldad. Hay, antes, incluso, inexperiencia, inseguridad y pura y burda torpeza, antes que maldad.

> La deslealtad a uno mismo, que es de las pocas traiciones que, sostenidas en el tiempo, pueden cruzar un perversísimo punto de no retorno, se explican antes por torpeza, inseguridad y miedo, que por maldad.

Área de vida significativa	Dirección valiosa	Objetivos
La amistad.	Reciprocidad: cuidar y confiar en poder ser cuidada.	Estar pendiente de M mientras su padre esté malito, y hacerle partícipe de cómo evolucionan mis cosas, pero en un segundo plano.

Metas	Coste de la consecución de las metas	Gratificación derivada de la consecución de tales metas
Que M sienta que me preocupo por la salud de su padre, que estoy al día y puede contar conmigo en cualquier momento, sin justificar por qué.	Dedicación diaria, no estar enfrascada en mis preocupaciones diarias y entender que hay momentos en los que otras personas están más sensibles y tienen necesidades que están por encima de todas las cosas.	10/10, el tiempo que he de dedicar a salir de mi ensimismamiento para atender a las necesidades de mi amiga, cuyo padre y su familia se enfrentan a una encrucijada sin precedentes, no solo no tiene coste, al lado de los beneficios, sino que no querría yo echar la vista atrás y no haber ostentado ese pequeño papel.

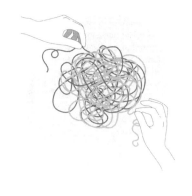

HERRAMIENTA 13.......................

Repensemos nuestro sino y reequilibremos el compromiso con nuestros propios valores.

Puedes aquí contemplar tantas áreas de vida significativas como espacios de coherente responsabilidad entiendes que quieres tener a tu cuidado. Normalmente las personas entendemos por área de vida significativa toda aquella en la que, suceda lo que suceda, nos parece relevante y nos afecta de un modo u otro.

La familia creada, la familia construida, la pareja, una dimensión personal, el ocio, las amistades, el trabajo... Cualquier parcela que consideres pertinente puede elevarse a la categoría de área de vida significativa. Es un concepto que me apasiona, porque me parece muy esclarecedor: todo lo que está dentro merece la pena, ya sea por motivos emocionales, sociales o culturales, pero merece la pena, merece un espacio de análisis privilegiado. Y, como tal, se lo hemos de proporcionar.

Distingamos ahora entre direcciones valiosas, objetivos y metas… ¡No solo no son lo mismo, sino que es muy edificante que no lo sean!

Mira muy muy lejos, dirígete casi a un punto fijo en el horizonte (ese hacia el que hemos de mirar todos los que tristemente, confieso, que nos mareamos profusamente en todos los medios de transporte imaginables) y estarás centrado en tus direcciones valiosas. Lo que le da sentido a todo. Lo que te mantiene centrada en el mundo que tú quieres construir, en el que te gusta sentir que has nacido y crecido, ese que mantiene unos mínimos que son los que hacen que tú cada día quieras y puedas confiar. Quizá no llegues nunca a un lugar concreto, pero habrá muchas estaciones de *repostaje* en el camino, y en todas ellas encontrarás lo que en cada momento necesites.

Mira, ahora, algo más cerca, pero sin perder de vista ni el medio ni el largo plazo. Vislumbra esos *objetivos* que sí puedes concretar y operativizar —normalmente, porque, o bien otros lo han hecho por ti, o bien tú mismo puedes hacerlo, si bien algunas de sus consecuciones no dependen exactamente de ti, sino que juegan un papel fundamental algunas variables externas— y plantéate lo siguiente: ¿Qué quiero conseguir? ¿Es esto realista y encajable en mis niveles de desempeño cotidianos? ¿Va conmigo? ¿Es coherente y consistente? ¿Me acerca efectivamente ese lugar hacia donde yo quiero llegar?

Y, por último, desgranemos un peldaño más, quizá el más importante por representar también, este, la herramienta de trabajo más fácilmente manipulable y la focalización objetiva más alcanzable. Pensemos en aquellas *metas* que más cotidianamente he de poder atisbar, perseguir y valorar. ¿Son esas metas asideros a los que puedo acercarme muy claramente y que pueden llegar a especificarse en función de si son o no desgranables en pequeños pasos tangibles? ¿Puedo ejecutarlos de modo que me vaya resultando relativamente sencillo seguir avanzando, y cerciorarme de mi avance? ¿Puedo generar parámetros de análisis que me permitan saber si están o no logradas y alcanzadas tales metas? ¿Me aportan cierta motivación en el día a día, a partir del momento en el que me siento capaz de acercarme a su consecución? ¿Me permiten tener sensación de que sí voy avanzando en el sentido deseado?

Adelante con ello: persigamos después nuestras metas más cortoplacistas, siempre en favor de esas direcciones que son las que siempre querremos que nos sigan alumbrando el camino.

Vayamos a esos pasos que, sí o sí, es pertinente dar porque, a fin de cuentas, no todo puede quedarse en una declaración de intenciones y el movimiento se demuestra andando.

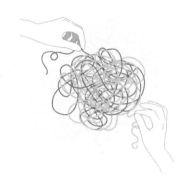

HERRAMIENTA 14........................

Cómo ser más coherente y acercarte un poco más a la versión de ti mismo a la que más deseas parecerte.

No es preciso ni esperable que seas constantemente ejemplar, eso te haría sucumbir ante la presión y perder el rumbo ante cualquier tropiezo. Sin embargo, ya hemos visto que sí es cierto que la disonancia y la incoherencia entre nuestras aspiraciones y nuestros comportamientos perjudican directamente a nuestro autoconcepto hasta que dejamos de saber quiénes somos, qué queremos y qué es lo que nos motiva o nos sostiene en pie.

Caminemos, pues, con paso firme, en las direcciones elegidas y con los objetivos deseados. Ordenemos —y esto también es importante— ideas y prioridades, así como costes y beneficios, porque no queremos pedirnos demasiado, ni tampoco demasiado poco, no queremos pecar de exigentes ni de excesivamente autocomplacientes, y solo a través de este proceso de identificación, priorización secuenciación y elección de pasos consecuentes conseguiremos estar equilibradamente centrados en pro de nosotros mismos, no nuestros principios y de nuestros valores.

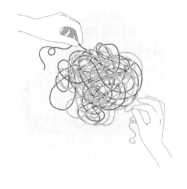

HERRAMIENTA 15........................

Identificando hacia dónde queremos ir y qué tenemos que hacer para acercarnos máximamente a ello.

Educación, formación, trabajo, relaciones familiares, relaciones de pareja, espiritualidad, ética, ciudadanía o política, ocio y tiempo libre, descanso, salud, desarrollo personal, autocuidado, amistades y relaciones sociales...

¿Cómo gestionas todos estos ámbitos de tu vida? ¿Reconoces que el hecho de funcionar adecuadamente en alguno de ellos es especialmente importante para ti? ¿Hay escenarios de vida que hacen que, cuando algo falla, sufras especialmente? Son muchas las áreas de tu vida en las que ocurren cosas significativas que afectan notablemente a tu nivel de bienestar. Paradójicamente, en muchas ocasiones somos nosotros nuestros principales enemigos. Nos saboteamos por no tener trazada una hoja de ruta, por no mirar hacia el horizonte. Nuestras reacciones cortoplacistas son muy a menudo incompatibles con la consecución de nuestros objetivos más a largo plazo.

Cada persona pone más peso en un área o en otra. Por supuesto que hay cosas que escapan a tu control, pero, para todas las demás, elaboremos un recorrido que nos permita ser coherentes, en el día a día, en todos los ámbitos importantes en los que hemos de desenvolvernos y progresar.

Área de vida involucrada	Dirección útil	Objetivo más específico
Familia, familia creada y pareja.	Entrega prioritaria a las necesidades que se me vienen demandando.	Entregarme, de manera prioritaria a todas y cada una de las necesidades familiares en las que yo puedo cumplir la más mínima función de apoyo.
Metas concretas secuenciadas		

- Ser fiel y honesto en el cuidado de de la pareja.
- Hacerme cargo de las citas que los niños tienen con tutores u otros profesionales, semana a semana. Con lo que ello conlleva en cuanto a limitar las invasiones del trabajo que hasta ahora he permitido...
- Planificar y disponer de espacios semanales dedicados a conocer el sentir y el estado emocional de cada uno de nosotros, así como estar disponible abiertamente y en la práctica para ellos.
- Disponer de tiempo específico para el cuidado de la pareja.

Bien, sabemos ya hacia dónde nos dirigimos. Hemos podido diseminar convenientemente todo nuestro recorrido vital en función de los objetivos que nos acercan a cada dirección valiosa y, a su vez, hemos secuenciado también cada objetivo en función de las metas específicas que las componen. Todo ello con la motivación que nos proporciona el hecho de poder atisbar en el horizonte las potenciales gratificaciones que nuestro norte a seguir nos proporciona.

Pues, aunque ordenar nuestro proyecto de vida parecía una tarea ardua y farragosa resulta que, al fin, todo tiene sentido y has conseguido hacer fácil lo difícil. Tenemos rumbo, nos motiva, y estamos dispuestos a seguirlo. Hagamos que todo esto funcione y cerciorémonos de que, en efecto, con el paso del tiempo, no se nos olvidan los buenos propósitos (como sucede con los de Año Nuevo a las pocas semanas de cada mes de enero) y que seguimos comprometidos con nosotros mismos.

Y, a continuación, lo que más cuesta. Que no es exactamente lo más obvio, que no es otra cosa que hacer el esfuerzo inicial, sino mantenerlo en el tiempo. Y, en este sentido, ¿cómo sé que sigo haciendo las cosas bien? A nadie se le ocurriría implementar un nuevo sistema de trabajo en una empresa sin contemplar otro sistema paralelo que siguiera y diera cuenta de la eficacia del primero, ¿no crees? Parte del éxito de cualquier proyecto reside en la evaluación periódica del éxito del conjunto de actividades que engloba.

Pero... ¿qué pasa con las cabecitas humanas? Pues pasa que nos hacemos trampa. Sabemos mirar para otro lado. El raciocinio tiene también una aplicación perversa que no es otra que la de razonar en contra de la evidencia con tal de no reconocer errores y disonancias (es decir, con tal de no reconocer los fallos del sistema).

Por eso implementaremos medidas de control, no vaya a ser que nos desviemos del camino y encima seamos lo bastante audaces como para justificar nuestras contradicciones (que ya te puedo garantizar que sí, lo somos).

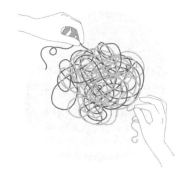

HERRAMIENTA 16........................

¿Eres coherente con aquellos valores que más quieres que te definan y que más satisfacción te producen? Y, si no lo eres, ¿por qué?

Pasemos a tener una sana mirada autocrítica para evaluar convenientemente el curso de nuestras acciones comprometidas. Tienes diseñado el trazado del circuito, sí, pero... ¿Tus actos son consistentes con esa hoja de ruta? Y, ¿actúas de forma coherente de acuerdo a lo que realmente a ti te produce satisfacción? Fijémonos en la siguiente hoja de trabajo. Identifiquemos, para cada dirección valiosa que quieres perseguir, los siguientes parámetros: del 1 al 10, ¿cómo es de importante para ti? Reconoce: ¿cuánto eres de consistente en la práctica con ese horizonte a perseguir? ¿Cuáles son las barreras ante las que sucumbes o que te desvían? Y, ¿cuál es el auténtico nivel de satisfacción que te produce el hecho de cerciorarte de que te comportas de acuerdo a y coherentemente con esa dirección?

Será interesante mirar dentro y reflexionar acerca de cómo de auténticamente importantes son esos valores para ti, así como reconocer tus inconsistencias y descubrir cuáles son tus obstáculos.

También me parece interesante identificar el nivel de satisfacción que te reporta, para saber si esas direcciones valiosas son genuinamente tuyas o se te han impuesto. Y, por último, especialmente relevante es el balance final entre la importancia que le confieres a las cosas y la consistencia con la que adecúas tu comportamiento a todo ello.

Esa medida, la de la discrepancia, nos dará mucha información acerca de cuáles son tus fuentes de sufrimiento y qué está en tu mano para poderlas aliviar.

Área de vida involucrada	Dirección valiosa	Importancia	Consistencia

Barreras	Satisfacción	Balance: Importancia - Consistencia

Y, llegados a este punto, después de estos ejercicios analíticos que nos obligan a pensar sobre muchas de las cosas de las que habitualmente se dan por sentadas, te reitero una batería de preguntas que puede parecer capciosa, pero que creo que refleja algunas de las preguntas más auténticas y escrupulosamente analíticas que podemos y debemos poder formularnos ahora:

1. ¿Dónde estás, en relación con el lugar en el que quieres o querrías estar?
2. ¿Cómo de lejos estás, en términos de importancia, coherencia y consistencia, de allí donde querrías encontrarte?

3. ¿Cuántas de tus direcciones valiosas entran en contradicción con los objetivos que pareces perseguir o que, de facto, persigues en tu día a día?

4. ¿Es tanto el coste de acercarte allí a donde realmente quieres estar? ¿Es tanta la renuncia real que ello supone o, por el contrario, se trata tan solo de desprenderse de ideaciones imposibles, desfiguradas, y alejadas de la realidad, sin las cuales, en realidad, podemos vivir con la vista puesta en deseos más sencillos pero también más alcanzables, más factibles y más fácilmente cuantificables?

5. ¿Puedes centrar tu mente y tus objetivos en tareas concretas que, si bien no son las más ambiciosas del mundo, sabes que están directamente encaminadas a cumplir determinados objetivos y dotarte de ciertas (aunque mínimas) gratificaciones?

No hay lectura perversa en estos planteamientos, sino más bien todo lo contario, lo que tenemos por delante es una extraordinaria oportunidad, llamémosla oportunidad de oro porque bien lo merece, para aunar, por un lado, intenciones y, por el otro, patrones observables de comportamiento. Es decir, para contraponer del comportamiento eso que deseo en la teoría frente a eso que realmente hago para lograrlo.

Y, ¿qué es una vida satisfactoria si no es un camino recorrido con coherencia?

Una vez nos hemos librado de exigencias superfluas, imposiciones verdaderamente no deseadas, autoexigencias que no son nuestras...

Una vez llegados a este punto, ¿no es la idea de una vida basada en la lógica, el ajuste de recursos, el equilibrio en las ambiciones y la tranquilidad en ejercicio del día a día una grandísima aspiración compartida por todos?

A la búsqueda eficaz de esa tranquilidad me sumo. Para ello hemos dedicado todo este esfuerzo a lo largo de todos estos capítulos. ¿Qué te parece? ¿Nos ponemos a ello? ¿Te apetece disfrutar?

capítulo

7

DESMONTANDO MITOS PERVERSOS

O cómo puede ayudarnos realmente la psicología más pragmática y constructiva

«Comienza a despojarte, cuanto antes, deshazte de todo lo que no sea necesario, y empieza a elevar tus pensamientos. Algún día te serán revelados los secretos de la naturaleza, se disiparán las tinieblas y te rodeará la luz por todas partes».

Séneca

DETERMINADOS constructos sociales no solo no obedecen a parámetros de racionalidad, sino que provienen de miedos e ideas limitantes, defensivas y falsamente protectoras, por lo que terminan por suponer un importante obstáculo en el desarrollo de nuestros proyectos vitales más sencillos o básicos, y hasta condicionan nuestros movimientos en el día a día. Me refiero a ideas aprendidas, presentes en la sociedad en la que nos hemos desarrollado; ideas con las que hemos crecido y que están implícitas en dichos populares; mensajes publicitarios, chistes o bromas coloquiales y artículos de revistas, mensajes de los que nos empapamos desde bien pequeñitos y que luego damos sencillamente por válidos, porque su contenido siempre ha estado ahí, con la connivencia de todos.

Eso es a lo que llamamos «lo normal», cuando deberíamos estar hablando, en realidad, de lo normativo o de lo que estadísticamente más se ha repetido (a veces, hasta la extenuación). Aseveraciones, mitos o prejuicios que son válidos por el mero hecho de haber proliferado previamente. Como quien dice que algo es cierto por el mero hecho de que se lo ha contado fulanito o porque «lo han visto en televisión». Sin contrastación ni pensamiento crítico alguno. Así, tan de Perogrullo es, en ocasiones, el supuesto «saber popular». Experiencias de otros a través de las cuales creemos, aprender y protegernos de hipotéticos sustos, pero que, en realidad, no son más que el resultado distorsionado de una serie de barreras y mecanismos defensivos (inicialmente diseñados para blindarnos frente a posibles amenazas, pero con consecuencias contradictorias) de los que un día creímos nutrirnos cuando, en realidad, lo que estábamos haciendo era imitar frases hechas o con más o menos sentido del humor, pero sin sentido y sin acierto.

Me encantaría que pensáramos en esta parte final del libro como si de un «bonus track» se tratase, un «bonus track» que dirían los *millenials* acostumbrados a los videojuegos «de toda la vida» (así los llaman ellos, como si de la receta de una elaboración ancestral se tratase, porque efectivamente a ellos los videojuegos les resultan familiares *desde siempre*, desde su particular *siempre*, de toda *su* vida...). Es decir, que me gustaría que contemplásemos estas últimas líneas como un extra de contenido, de consulta ágil (espero), para cuando la mal llamada sabiduría popular o la tendencia general en boga quieran hacernos comulgar con ruedas de molino. Porque, ¿cuántas veces nos atormentamos porque lo que se supone que deberíamos hacer o la doctrina que deberíamos seguir no refleja, en absoluto, ni lo que nuestro cuerpo nos pide hacer ni el modo en el que no podemos evitar sentirnos? Aun en estos casos o, mejor dicho, precisamente en esos casos… ¡Cuestionémonos los preceptos establecidos y dispongamos de margen de acción!

¿Por qué hacer mío el aprendizaje que el de al lado ni siquiera experimentó en sus propias carnes? Nunca defenderemos que la sabiduría popular no sea sabia, pero sí que se haya quedado algo antigua, obsoleta incluso, que responda a un modelo del mundo que en la teoría ha cambiado y en la práctica verdaderamente no es el nuestro, o que obedece principios y aspiraciones que pueden haber quedado, hoy en día, muy en entredicho.

Ajustando cuentas: ¿Mito o realidad?

Veamos de manera más gráfica cómo va el marcador de nuestro particular y desafiante cuestionamiento, siempre con la curiosidad más sana por delante, de lo que se nos impone frente a lo que realmente nos conviene:

- Refranero popular *versus* dejarnos llevar por planteamientos excesivamente simplistas. Ya lo hemos dicho: casi siempre sí a hacerle caso al refranero, pero solo «casi siempre», y sobre todo cuando procede aplicarlo con sentido del humor.

- Esquemas familiares autoaprendidos y autoimpuestos *versus* esquemas adaptativos. Pichí pichá, empate técnico, les damos pábulo por respeto y aunque solo sea por aquello de que «Más sabe el Diablo por viejo, que por Diablo». Pero rara es la vez que tales esquemas heredados se pueden aplicar a pies juntillas; si nos vienen bien, hagámoslos nuestros, en caso contrario, llevémoslos al destierro más ejecutivo y absoluto.

- Mitos y dogmas sociales preestablecidos *versus* El resultado de nuestras propias experiencias y nuestro derecho a vivir y a acumular aprendizajes. Suspenso absoluto, solo para mofarse de ellos en el monólogo de humor más brutalmente negro, irónico y despiadado (digno de un Miguel Lago o algo por el estilo, si tiene que ser en otras modalidades ideológicas, disculpadme si me faltan referencias en este campo). Mitos hechos a medida de cuentos de Disney que (y que me perdone Disney) flaco favor le hace al desarrollo madurativo, afectivo y sexual de todas las generaciones, las nuevas y las no tan nuevas.

¿Nos ponemos a ello? ¿Nos liberamos de trajes que no solo no han sido hechos a media, sino que han sido (quizá de manera ingenua y no malintencionada, eso ya no lo discuto) diseñados para anular las aspiraciones de muchos? Quizá no con mala intención (sino todo lo contrario), pero sí con la falacia de que lo que se ha construido de nuevas es siempre más superficial que lo que antaño se promulgó. Y, entonces... ¿dónde está el cambio? ¿Dónde reside y de dónde nacen los cambios de paradigma?

Mitos arrastrados por los siglos de los siglos... ¡Mitos a desterrar!

Lo sabe muy bien la epistemología, de algún lado necesitan nacer el progreso y la reconfiguración de los esquemas preestablecidos. Y no podemos pasar tampoco de la negación a la aquiescencia más absoluta. O viceversa. Pero, cuando un patrón de pensamiento empieza a hacernos daño a todos, cuando dejamos de ser más los no normativos que los normativos. A partir de aquí se acabó el respeto reverencial a una serie de normas que actúan más a modo de condena que como modelo de comportamiento a seguir. Estos son los 8 mitos que, en consonancia con todo lo argumentado a lo largo de todas estas páginas, me propongo desterrar contigo a continuación:

MITO 1

El de la necesidad: «Sin ti no soy nada»… O uno de los más contraproducentes de los mitos del amor romántico que urge desterrar

No queremos querer (ni que nos quieran) desde la necesidad, sino desde el deseo. No desde el vacío, sino desde la voluntad; a poder ser, desde la voluntad de mejorarnos y de enriquecernos. No a modo de compensación, sino como un sumatorio tan altruista como generoso, enmarcado en el preciosísimo concepto de la reciprocidad. Cuando uno es dejado, es habitual que experimente una especie de visión en túnel: su vida se acaba, ha perdido todo lo que le daba sentido, se ha quedado vacío hasta el punto de perder las referencias más básicas, se resiente hasta el concepto que tiene de sí mismo.

«No me concibo sin la otra persona; luego no me concibo en absoluto. No me pienso, luego no existo». Durante un tiempo (sí, solo es un tiempo, aunque se antoje eterno) la visión en túnel se apodera de mis esquemas de futuro. Y se vuelve tan depresogénica como desesperanzadora.

Así es, forma parte del duelo amoroso, tiene que ver con la manera en la que nuestro aparato psíquico asimila y aborda los duelos. Sí, así funcionamos: el cuerpo, la mente y las emociones se encargan de hacer su parte y despliegan todas sus herramientas de sanación… ¡No las boicoteemos con falsos razonamientos aprendidos de la nada y nunca debidamente contrastados!

«Te quise mucho, te hice parte de mi vida, me encantó lo que provenía de ti, y lo hice mío. Así funcionamos mientras funcionábamos bien, juntos. Pero ya no lo estamos». Ahora todo aquello ya no tiene razón de ser, así que estamos ya en disposición de cambiar todas esas ideas preconcebidas que tan solo eran bonitas mientras se acompañaban de aquellas circunstancias de vida (juntos) que las hacían reales, pero verdaderamente esas ideas solo amenizaban la experiencia, nunca dirigieron nada, nunca significaron nada, nunca orquestaron ninguna vivencia tan bella, nunca fueron más allá de representar un halo de poesía para los oídos. Eran solo atrezo. No confundamos la banda sonora, que existe y se compuso de manera independiente, con la vivencia a la que pretende acompañar, y que tiene etiología propia.

Parecía que yo no era nada sin ti, porque en la práctica el resultado se manifestaba y exhibía con armonía, pero, una vez terminada esa etapa, volvemos a la esencia: tu individualidad no cambia, eres la misma persona que se emparejó y que conquistó, la misma que ha llegado hasta aquí, la misma que sigue albergando tantos y tantos recursos (hayas tenido o no que utilizarlos en los últimos tiempos), la misma que merecía ser querida y sabía querer, la misma que aprendió a compartir, la misma que sabe que, aunque lo vea muy lejano, podrá volver a hacerlo; y además, dicho sea de paso, eres también la misma persona que, a futuro, se habrá enriquecido con estos aprendizajes (los del sufrimiento) a los que, durante un tiempo, le costó encontrar utilidad.

«Sin ti soy, sin ti claro que soy...». ¡Claro que soy y vaya si soy! Otra cosa es que esa persona en la que me estoy convirtiendo no sea tan del agrado de la persona que fui en el pasado. Otra cosa bien distinta es que, dentro de un tiempo, seré yo quien no quiera elegirte a ti, aunque mi duelo me haya robado la serenidad y no haya sido capaz de sentirme siquiera en disposición de mi propio yo, de mi identidad, de mi capacidad de elección, de mis virtudes y de mis proyectos vitales.

MITO 2

El mito de la media naranja… ¡Que ni existe, ni aparece cuando menos lo esperas!

HABLÁBAMOS anteriormente de reciprocidad. R-E-C-I-P-R-O-C-I-D-A-D… Esta unión de letras es música para mis oídos. Uno de los conceptos en los que me fundamento muchas de las herramientas terapéuticas que de tanta utilidad resultan ser en el día a día del ejercicio de mi profesión, la psicología. Uno de los conceptos de los que más nos nutrimos mis pacientes y yo. ¡Y no se me ocurre otra particularidad más maravillosamente extraordinaria de todas las que pueden describir a una sana relación de pareja!

La reciprocidad, como no podía ser de otra manera, no se elige. La reciprocidad primero surge y luego se trabaja, se trabaja duramente. Nace, y en ella nos instalamos, si tenemos la suerte de poder hacerlo. De inicio surge y luego ya se cuida, se mima, se construye, se pule y se sigue cuidando. No se deja nunca de cuidar.

Pero, insisto en que, de inicio, en esa determinación para la reciprocidad o se confluye por motivos determinados —aunque pasen desapercibidos— o directamente no se llega a producir. El amor no brota de ninguna manera, ni nace de los árboles, ni se suministra en las discotecas o páginas de contactos, ni mucho menos brota de forma espontánea en cada esquina por la que pasamos. Eso son solo situaciones que facilitan el establecimiento de relaciones interpersonales. Al final, por mucho preámbulo que se orqueste, para que aflore la reciprocidad no tienen más remedio que existir dos personas que se encuentran en tiempo y espacio; y que después, por los motivos que sean, sigan teniendo ganas de dedicarse tiempos y espacios. Y, por si fuera poco, además, también tiene que pasar todo lo demás: complicidad, afinidad (o expectativa de ella), confidencias, intereses cruzados, atracción, pasión, ganas de intimidad, compatibilidad, facilidad para la convivencia, etc.

Nos encantaría que las cosas obedeciesen a razonamientos mucho más precisos y matemáticos como para garantizarnos que determinados algoritmos pudieran prestarse de verdad a solucionar el futuro de nuestras ansiedades, preocupaciones y anhelos vinculados a nuestro proyecto de vida, el futuro, la familia o el miedo de la soledad (para quien no la desee). Nos desagrada la idea de la media naranja (cuando no sentimos que termine de llegar) tanto como, en la otra cara de la misma moneda, nos atrae la idea de que existan mecanismos controlables y cuantificables que, llegado el caso, nos pudieran garantizar la compañía perfecta en el momento más deseado.

Pero las cosas, a pesar de no ser así de lineales y predecibles, lo cierto es que son mucho más halagüeñas que aquello a lo que aspirábamos como ideal. Primero, la media naranja no existe, no. Siento romper de esta forma el cuento de princesas y príncipes con el que hemos crecido. Pero es que, lo que existe, ¡es algo mucho mejor aún! Porque... Segundo: no existe una, ni dos medias naranjas, ¡sino que existen veinte mil millones de medias naranjas para ti! A ver. Igual he sido algo hiperbólica, pero la verdad es que hay tantas medias naranjas como oportunidades, situaciones, caminos cruzados y vivencias se presten a ello. Lo malo (siempre una de cal y otra de arena), y esto me lleva al tercer punto, es que no siempre estamos en disposición de darnos cuenta de qué o a quién tenemos delante. No siempre miramos con ojos de ver. Es mi potencial media naranja, pero quizá no esté en su mejor momento; puede tener un mal día, o puedo tenerlo yo, puede estar a otra cosa o enredado en otra relación u otros pensamientos, puede acabar de salir de una relación y no estar preparado o preparada... La media naranja, por suerte, no es solo una única mitad, pero encontrarla o no sí obedece a cuestiones mucho más circunstanciales y hasta, a veces, aparentemente superfluas.

MITO 3
El mito de que cualquier tiempo pasado fue mejor

PORQUE nuestra mente es selectiva y todas y cada una de nuestras memorias albergan (por suerte) momentos maravillosos que sostienen una narrativa de vida plagada de vivencias que, por supuesto, han merecido la pena. Pero el mito no se limita a ser meramente descriptivo, el mito se aventura a aleccionarnos y nos dice que todo tiempo pasado no solo fue anterior, sino que fue necesariamente mejor y, se añade de manera sucinta, tales tiempos ya no regresarán jamás. De ahí el dramatismo destructivo del mito.

¡Tremendo lo que esto conlleva en términos de la condena posterior que viene aparejada! Pues no es otra que la condena de vivir sin motivación posible, vivir sabiendo que ni el pico ni la pala lograrán obtener resultados meritorios o significativos que puedan volver a reconfortarte como ya fuiste capaz de experimentar el logro, vivir anclado en la nostalgia más limitante (esa que nos dice que no importa lo que hagas, ni tú ni nadie, porque los resultados nunca mejorarán, ni se equipararán siquiera a los que ya obtuviste por tus actos del pasado). ¿Existe alguna forma más maquiavélica de autosabotaje, una manera más perversa de privarse a uno mismo de toda forma de acicate?

La memoria, por suerte, es selectiva y también autoprotectora. Como decíamos, todas nuestras cabecitas albergan recuerdos de tiempos pasados que fueron increíblemente positivos o enriquecedores. ¡Y eso es tremendamente sano! Lo malsano es convencernos de que lo que fue, pasó, y no volverá jamás, bajo ningún concepto ni en ninguna forma. Por supuesto que las experiencias del pasado no se repiten en su literalidad, ni contribuyen necesariamente a propiciar vivencias exactamente análogas. Pero, de ahí a pensar que todo tiempo pasado fue mejor... Eso es cometer el grandísimo error de incurrir en el sesgo de lo presente, en la incapacidad para disfrutar, en el miedo a vivir.

Lo que pasó, pasó. Sí. Y pudo ser casi perfecto, o pudo no serlo y puedes tú haber embellecido el recuerdo. Lo único que es observable y tangible es que lo que tienes por delante es lo único que te queda por vivir, y que todo lo demás, como mucho, puede y debe servir de inspiración, no más. Pensar en el pasado con patológica nostalgia es condenarse a vivir en bucle una película que ya se grabó, ya se editó, ya se exhibió, ya se aplaudió y... ya se olvidó. Y, a partir de ahí, ¿qué hacemos? ¿Con qué trabajamos? ¿Con qué información operamos? ¿En qué modelo ilusionante nos fijamos?

Utilicemos el pasado como se merece: para honrarlo, para fijarnos en él y para tratar de reproducirlo SOLO en la medida de lo posible; con las circunstancias, herramientas y recursos que hoy nos acompañan. No soy más joven, pero sí más consciente. No soy rápido, pero sí más atinado. No dispongo de los mismos reflejos, pero sí más criterios de reacción. No tengo la misma agilidad, pero sí más capacidad de decisiones. En definitiva, seré más viejo, pero también más sabio. Que pase lo que tenga que pasar, que disfrutarlo, más o menos, en gran parte, depende de mí, de mi ahínco y del empeño que yo le ponga.

MITO 4

El mito de que si no tuviste éxito... Es que fracasaste

Pocos me escuecen tanto como este. Pocos son tan recurrentes en tantos momentos de la vida. Éxito o fracaso. Pero... ¿Quién es tan osado como para juzgar tal resultado? ¿Quién ha escrito la ley divina acerca de lo que significa haber sido exitoso o haber errado? ¿Cómo sabemos, acaso, lo que es fracasar?

En el peor de los casos, si intento mi objetivo hoy y me muero mañana... Pues quizá habrá sido un fracaso; fracaso forzado, me atrevo a añadir. Y, como digo, solo en el peor de los casos.

Porque, en la vida real, ¿cómo puede definirse verdaderamente un fracaso? Siempre que intento algo estoy operando en mi entorno o sobre él.

Siempre que lo intento estoy desplegando un plan de acción, más o menos acertado o más o menos torpe.

Siempre que intento algo estoy desplegando, de manera más o menos acertada, todo un abanico de recursos al servicio de un objetivo previamente identificado. Claro que me fue mal, obvio, no somos tontos; de lo contrario, nadie hablaría de «fracaso», pero, ¿acaso esa experiencia no forma ya parte de mi historia de vida? ¿Acaso no extraje algún que otro aprendizaje acerca de lo que procede o lo que no se procede hacer en según qué circunstancias? ¿Acaso no me transformé por el camino? ¿Acaso esa experiencia no desencadenó en el transcurrir de muchas otras?

Los pasos que di después de aquel supuesto fracaso me han traído hasta aquí, me han mantenido en vida, me han permitido contarlo, o contártelo directamente a ti. Puedes haber tomado decisiones que han evidenciado no ser las más acertadas, incluso ser equivocadas, pero no entiendo el fracaso mientras mañana puedas despertar y emprender otra acción o desarrollar otro pensamiento, enarbolar otra insignia, defender otro parecer o mantener una nueva interacción con el mundo.

MITO 5
El mito de que igual o más siempre es mejor

Y, claro, hilando con el mito anterior, esta pregunta solo nos la hacemos con carácter de posterioridad, y comparando una situación actual, que se considera precaria (con razón o no) con otra anterior, que se presume que habría sido considerablemente menos precaria (una vez más, con razón o no). Nunca tendremos respuesta al macabro «¿Y si...?», comparativo que siempre te coloca en lugar diferente de aquel desde el que actuaste: «¿qué habría pasado si me hubiese dedicado más a esta vía en lugar de esta otra...?»; «¿Qué habría sido mejor en caso de que hubiera apostado *más por esta otra opción...?*». Nunca lo sabremos, y todo proceso de cuestionamiento solo podrá ser considerado como una autotortura.

Si me hubiese tocado la lotería, si hubiera seguido en tal mejor puesto, si hubiera aceptado tal otra oferta, si no hubiera decidido abandonar a tal persona... Solo hay una respuesta plausible. En tal caso, hoy, sencilla y claramente: no serías la misma persona. No existe otra forma de analizarlo.

Más dinero, más reconocimiento, más continuidad en tal pareja o en tal trabajo... Va a parecer demagógico; prometo que no lo es: sé de un paciente a quien el dinero rápido y mal gestionado le llevó por la calle de las adicciones, sé de aquel a quien el reconocimiento social, ansiado y mal llevado, terminó por acarrearle más problemas que beneficios y supuso un escarnio público; sé de aquel que murió de éxito, sepultado bajo sus propias expectativas, y se bloqueó cuando menos lo esperaba y cuando menos le convenía; sé también de más de un artista para quien el reconocimiento supuso la más absoluta

SOBRE CÓMO NO COMPLICARTE LA VIDA

de las perdiciones, o bien por el ego, o bien por las envidias y las paranoias que uno, en un momento dado, puede llegar a despertar en su mal entendida audiencia.

Más no es mejor. Eso no es cierto. Todo depende de cómo se interprete, de cómo y cuando llegue, y de cómo se gestione. Más no es siempre mejor, os lo digo por experiencia ajena, y también por experiencia propia.

MITO 6
El mito de que lo que un día emprendiste no puedes ya abandonarlo

O, lo que es lo mismo, pero suena bastante peor: el mito que hace parecer que solo la muerte puede poner fin a algunas situaciones. Para todo lo demás, el compromiso adquirido ha de prevalecer. Contigo pan y cebolla, cueste lo que cueste. Vamos, como si siempre fuese mejor quedarse donde uno ya está que cambiar de lugar. Más vale lo malo conocido que lo bueno por conocer, a la enésima potencia. Que lo que Dios ha unido, no lo separe el hombre, ni la adversidad, ni el sacrificio, ni el sufrimiento.

Y, frente a ello, me pregunto… ¿De verdad hemos de regirnos por tal principio de conservadurismo? ¿Dónde está el reconocimiento explícito de nuestro margen de error cuando se trata de revertir una decisión tomada o un compromiso antaño asumido? ¿Acaso he de contemplar, a cada paso que doy en mi camino, que este ha de ser mantenido y defendido para siempre? ¡Qué responsabilidad y qué mentiras tan directamente abrumadoras!

¿Acaso no tiene más mérito una decisión que contempla mi situación actual? ¿No es igual o más válida aquella opción que se circunscribe a mi mundo en el momento presente, que aquella otra que trata de convertirme en absurdamente inmortal y me proyecta impertérrito hasta el infinito y más allá? Basta ya de preguntas retóricas. Pues, por supuesto que merece más la pena cuidar de uno mismo en el momento presente, hacerse cargo de lo que impera en el momento actual, reconocer el dinamismo de nuestra existencia y actuar en consonancia a nuestros procesos de cambio. Vivimos —y, por descontado, evolucionamos— en constante proceso de cambio.

La etiqueta de «lo de toda la vida» vende de maravilla, es un excelente producto de *marketing*, pero realmente está vacía de contenido. No tengo nada de qué convencer a nadie, mira a tu alrededor y remítete a las pruebas. Que lo añejo se conserve puede ser resultado, o bien de mucho esfuerzo y cuidado, o también de muchos caprichosos eventos del destino. Pero, *per se,* no se sostiene. Cambias, sí, y todos a tu alrededor también lo hacen, y los motivos de las decisiones que tomas, más aún.

Ello no es sinónimo de desdecirnos a cada segundo. No estamos defendiendo la deslealtad ni la falta de palabra; pero, si hasta el código civil moderno actual contempla la posibilidad de divorciarse en pocas semanas después de haber contraído matrimonio, ¿quién puede pretender ostentar la autoridad moral competente para decirnos en lo que podemos y en lo que no podemos cambiar, en lo que debemos o en lo que no debemos perseverar? Ni nosotros mismos deberíamos exigirnos una serie de premisas que se confunden con la honorabilidad, pero que tienen mucho más que ver con el miedo, la desmotivación, la cobardía o la falta de perspectiva.

MITO 7
El mito de las parejas que se llevan bien jamás discuten, o de que discutir es malo

MENTIRA cochina. Y perdón por la expresión, pues mi abuela me enseñó que llamar «mentiroso» a alguien es algo muy feo y evitable. Pero en este caso concreto... ¡Nada más lejos de la realidad!

Desconfía de quien presume de no tener conflictos, y confía más bien en quien te explica cómo los gestiona. La vida es conflicto y desavenencia, la vida conlleva tensiones e intereses encontrados que de un modo u otro han de ser resueltos. Por eso tiende a ser más eficaz y desenvolverse mejor en la gestión del día a día quien más eficaz resulta en el afrontamiento y la resolución del conflicto que quien tiende a evitar confrontarlo. Los comportamientos evitativos rara vez resultan adaptativos en el largo plazo, por no decir nunca (aunque a algunos les salgan las cosas medianamente bien de pura chiripa).

Las relaciones sanas requieren, necesariamente, de conversaciones incómodas. Muy incómodas, incluso. Porque la convivencia y el acompañamiento vital, ya sean físicos o emocionales, requieren de numerosas renuncias que, para merecer la pena, han de tener razón de ser, sentido y significado. Para amar, como para resolver, hace falta un punto de valentía. Cada discusión bien gestionada y bien resuelta contribuye a esa búsqueda de significados, ayuda a aunar posiciones, a revalidar compromisos, y motiva para seguir hacia adelante, no por inercia, sino mejorando, aprendiendo y creciendo a cada paso. Creciendo, en este caso, juntos. Así que no es más valiente el que más sabe o aquel para quien las cosas le resultan más fáciles, sino el que más se expone: a la crítica, a la opinión ajena o a la más mínima discrepancia. A todo ello nos exponemos cuando nos escudriña la mirada de aquel que nos quiere. Una mirada que no daña deliberadamente, pero que no por ello, en ocasiones, nos duele y, desde luego, no nos deja indiferentes.

Discutir es verbalizar lo que a uno le produce desagrado, discutir es elevar la voz para reivindicar el respeto de los límites que les ponemos a los demás, es exponer las propias necesidades y no tener más bendito remedio que solicitar o proponer constructiva y abiertamente distintas formas concretas de satisfacer esas necesidades. Discutir es recomponer o fortalecer la autoestima propia al tiempo que se practican la empatía y la asertividad para contribuir a que quien está en frente nos reciba de la mejor manera posible, sin dañarle innecesariamente, protegiéndole para que la experiencia no sea devastadora sino edificante.

Desconfío de las parejas que no discuten, como de aquellas personas que presumen de no tener defectos. Al mismo nivel.

MITO 8

El mito de que si quieres a alguien puedes cambiarle o ayudarle a cambiar. O «Si te quiere, lo hará todo por cambiar y satisfacerte»

POR mucho y muy bien que lo intentes no es posible, de ninguna de las maneras, ayudar a alguien en el sentido que deseas o hacer que cambie. No es posible cuando ese alguien no está dispuesto a cambiar, no lo desea o no se encuentra en el momento adecuado para hacerlo.

¡Cuánto nos cuesta aceptar eso que en, la teoría, parece tan obvio! Especialmente si queremos a esa persona. Tenemos la sensación —cuasi delirante— de que el amor es tan fuerte, y el deseo por el bien del otro es tan potente, que acaban por resultar todopoderosos. Y el error reside más en uno mismo que en el comportamiento de aquel a quien profesamos tanta entrega y tanto afán de ayuda. Porque queremos y queremos bien, y eso hace que deseemos y tratemos de proveer el bien de la persona querida. Pero, por mucho que el otro se esté equivocando (que puede estar haciéndolo, y mucho), es altamente probable que nos equivoquemos más nosotros al tratar de ayudarle que el otro al perseverar en su comportamiento nocivo o patológico.

Lo más llamativo en estos casos es que, por enorme que sea la hazaña a la que nos quisiéramos enfrentar («Te ayudaré a dejar una adicción, te ayudaré a cambiar un comportamiento compulsivo, te ayudaré a superar una depresión, te ayudaré o seré yo quien te saque del agujero…») siempre acaba por resultar más cuantiosamente dificultosa la aceptación de lo que no está en nuestra mano cambiar, que el tremendo plan que hubiéramos estado dispuestos a ejecutar con tal de «salvar» o ayudar a esa otra persona.

Estemos, acompañemos, esperemos el momento adecuado, no dejemos de observar y de estar disponibles. Es todo lo que podemos hacer. Ni más ni menos. No significa que tengamos que desentendernos. Pero poco más podemos hacer: estar ahí y esperar, por si suena la flauta, a detectar el momento en el que el otro haga un «clic» y efectivamente es persona solicite esa ayuda o se muestre dispuesto a recibirla. Acompañar sin forzar, porque, de lo contrario, de tensar demasiado la cuerda, acabaremos por dinamitar toda opción de negociación y toda ventana de influencia.

No es justo, pero, en mi experiencia, he podido observar que el afán de ayuda termina por interpretarse como excesiva invasión en la intimidad, y provoca rechazo. Si el otro está verdaderamente en riesgo, ¡sacrifiquemos la relación! Si no va a llegar la sangre al río, esperemos con paciencia e inteligencia estratégica. Tal es la paradoja de los mecanismos de vinculación humana, y de todas las formas que adoptan a lo largo de la vida.

Gracias por tu incontestable fidelidad a lo largo de estas páginas, gracias por tus valiosas consideraciones, no dudes en compartirlas conmigo, como hemos compartido ya juntos todas estas horas de lectura, confidencias y humanas reflexiones.

Gracias, y practiquemos más la gratitud, que no es otra cosa que practicar la vida.

«Persevera, como has comenzado, y apresúrate cuanto puedas para que goces durante más tiempo de un alma tranquila y sin tacha. Sin duda, también disfrutarás mientras la purificas y ordenas, pero es placer muy distinto el que brota de la contemplación de un alma espléndida y pura de toda mancha».

Séneca

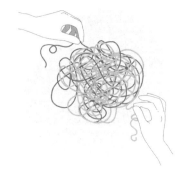

EPÍLOGO
Aprovechemos lo bueno que ofrece la vida para... DISFRUTAR

«Hay personas que se refugian hasta tal punto en la oscuridad que todo lo que es luz les parece complejo».

Pomponio, citado por Séneca

Sí, disfrutar, aprovechar, exprimir al máximo la vida, ¿por qué no decirlo? ¿O es que acaso la idea de hacerlo nos asusta tanto como la idea de tener que dejar de hacerlo? Si la vida son momentos, dejémonos de absurdos corsés autoimpuestos que nos impiden vivirlos.

Todo tiene dos lecturas, y tres, y cuatro, y hasta cincuenta y nueve... Que por nada del mundo se confunda esta reflexión con un dejarse caer en el más absoluto de los relativismos, tanto morales como de cualquier otra índole. Pero lo que tampoco es sostenible es pensar que la vida no nos ofrece ninguna posibilidad de disfrutar, ningún aliciente cotidiano, ningún pequeño placer (ya sea, o no, un *petit plaisir*, que dirían los franceses, o un «placer culpable» que diríamos aquí, los españoles, siempre con nuestra culpa judeocristiana a la espalda...). Esto no es una oda, como decíamos, ni al relativismo, ni al conformismo, ni mucho menos al idiotismo. Esto no es un ingenuo brindis al sol ni un mensaje al más puro estilo psicología-positiva-barata-impresa-en-una-taza-de-café. No, no, y no. Nos negamos a ello.

Pero, a lo que también me niego es a promover una visión catastrófica del mundo, porque sí. Porque «no vaya a ser que disfrute de algo y luego lo eche en falta», debido a una disparatada autoofensiva de guerra preventiva. A lo que me niego es a permitir que prolifere un patrón de esquemas mentales interpretativos y encubiertos que nos obligan a vivir contagiados por un prisma pesimista y depresivo de todo cuanto nos rodea.

Veámoslo a través de un ejemplo...

Entra un paciente por la puerta, tiene depresión, existen hipótesis de origen que explican perfectamente su situación actual, pero también reúne toda una serie de variables personales, identificables a través de muchas y muy variadas experiencias vitales, desde edades muy tempranas, que hacen de él una persona algo más tendente a las interpretaciones destructivas que a las constructivas, por decirlo suavemente. Es decir, más tendente a la preocupación rumiativa irresoluble que al goce de las pequeñas cosas del presente. En este caso, como en muchos otros, a las hipótesis de origen que podemos formular acerca de cómo se gestó el problema se añaden un sinfín de variables personales que le predisponen, y otras tantas hipótesis que explican el mantenimiento de sus problemas. La mayor parte de ellas, como no puede ser de otra manera, se explican y formulan desde la frustración, la rabia o el miedo. Le podríamos responder algo así como lo siguiente: «Cierto es que tienes la edad que tienes, que estás divorciado, que no tienes trabajo, que no has tenido demasiada suerte en el amor y, sobre todo, que no te quieres lo suficiente ni confías tampoco lo suficiente en ti mismo... Y, ¿sabes qué? No, no es menos cierto que yo no puedo salir ahí fuera, conseguirte un trabajo, hacer que te toque la lotería, solucionar tus problemas económicos, revertir lo que interpretas como "los grandes fracasos" de tu vida y, ya de paso, hacer magia para que se fije en ti exactamente esa persona que tú quieres que lo haga. Ojalá tuviera yo ese poder... Te prometo que, de ser así, lo ponía a tu servicio, pero no es el caso».

Pero... ¿Y entonces? ¿Estamos vendidos ante nuestras circunstancias? «Yo soy yo y mi circunstancia», rezaba Ortega y Gasset. Cierto. Pero aquellas, las circunstancias, no pueden ni deben adueñarse de mí, de mis motivaciones, de mis expectativas y de mis actos, hasta el punto del bloqueo. Yo soy yo y mi circunstancia, pero no necesito salvarla a ella para salvarme a mí. Ay... ¡Cuántos bloqueos auto(in) justificados arrastramos ante determinados contextos externos aparentemente paralizantes! ¡Y cuántos de esos elementos resultan objetivos solo en apariencia!

Este caso es real, como la vida misma; este paciente es real, y su caso se parece mucho (demasiado) al de muchos otros.

Esta misma persona, a los pocos meses, no podía catalogarse ya exactamente como depresiva. ¿Qué había cambiado a su alrededor? Realmente nada. En aquellos meses, realmente nada se había transformado. Seguía sin tener trabajo (¡ojalá hubiera estado en mi mano conseguírselo!) y los conflictos que había acumulado a su alrededor no se podía decir que estuvieran precisamente en vías de resolución. Quien había cambiado había sido él. Más activo y proactivo, más resolutivo, más asertivo, más comunicativo, con más capacidad para confrontar y solucionar conflictos interpersonales, mejor preparado para expresar emociones y gestionarlas, dispuesto a integrar visiones alternativas de una misma realidad y... Decidido a valorar las cosas que sí llevaban tiempo marchando espectacularmente bien en su vida, y en las que no había reparado. Las personas que seguían a su lado, su madre que le adoraba, sus apoyos más incondicionales a los que poco caso había hecho, las personas que le querían de manera auténtica... Entre tanta queja, entre tanta «objetiva» trampa, no había reparado en ellas.

Esta es solo una de las muchas historias que puedo narrar para ilustrar esta realidad. Tan frecuente como sangrantemente hiriente. Ni a mi peor enemigo le deseo esa sensación de constante insatisfacción unida a la más estricta imposibilidad de valorar lo que quizá no se expone en un escaparate, pero que representa lo que verdaderamente importa en la vida.

Hay alguien en mi entorno más cercano en quien siempre pienso en estos términos, en términos de cuasi absoluta incapacidad de disfrute. Y, como no es mi paciente, sino que es mi amigo, intento meterme con él todo lo que puedo, siempre con la mayor de las responsabilidades... Ello no significa olvidarme de quien él es y de cuáles han sido sus experiencias configuracionales, ni es sinónimo meritorio del apelativo de «infeliz» —uno, por suerte, hasta en tal contexto, puede llegar a tener cierta conciencia, de manera puntual, de algunos de sus «privilegios», aunque no los disfrute de manera estable o proporcionada—, pero sí conlleva sufrimiento y empuja a una dosis nada desdeñable de amedrentamiento comportamental (he dicho «amedrentamiento», no cobardía, que aquí no culpamos a nadie por sus propias dificultades, que quede claro). Sus circunstancias vitales no van a cambiar de manera drástica en los próximos tiempos o, al menos, eso no es ni lo previsible ni lo esperable.

Pero, ¿qué hay de los asideros de los que sí disponemos y que no valoramos, porque, «oh, pobre de mí, sencillamente, lo que tengo lo doy por sentado y lo que no tengo no hago más que anhelarlo»? Esto sí que representa el único ejemplo imaginable de aquel «mal de muchos, consuelo de tontos» que tanto nos hemos empeñado en renegar aquí. Pero existe, no es racional, sino perjudicial y se patologiza y generaliza cada vez más, con pasmosa facilidad.

¿Acaso no es importante esa sonrisa fugaz que compartes con tu hijo? ¿Esa caricia de ese alguien que te adora? ¿Esa felicidad inigualable, aunque puntual, de poder disponer de la habilidad de hacer feliz a alguno de tus mayores? ¿Ese día a día compartido en el que te sabes querido (aunque no seas capaz de entender hasta qué punto lo mereces)? ¿Esa función útil que cumples para alguien a tu alrededor, y que a ese alguien le cambia la vida? Aunque la tuya no cambie en la misma proporción.

Tengo otra paciente muy centrada en esa devastadora idea de que «cualquier tiempo pasado fue mejor» (como ya hemos visto y analizado este falso dogma experiencial más en profundidad). Asentada en la firme convicción de que todo lo que ha pensado, elegido y ejecutado en sus últimos veinte años de vida no ha sido más que un error. Y, sin embargo, está donde quiere estar. Al menos esto es cierto en su mayor parte. El trabajo (heredado de un negocio familiar) no es el que más le puede estimular, cierto. Pero, en su ejercicio, libera de presión a sus padres y hermanos. El lugar en el que reside no es el más optimista, pero no deja de ser cómodo y, en él, acompaña a su padre, madre y otros familiares en los momentos más delicados (los últimos en sentido estricto, pero, a veces, también los más provechosos) de su vida. No ha seguido el recorrido profesional que habría deseado, pero tampoco tenemos garantía alguna de que aquellos capítulos que tanto había lamentado no haber podido vivir, hubieran marcado necesariamente una diferencia a mejor.

¿Hasta dónde has llegado tú? ¿Cuánto de lo auténticamente estimable has dejado de valorar? ¿Hasta qué punto estas experiencias

reales conectan con tus pequeñas vulnerabilidades no autorrevela-
das y más inconfesables?

No hace falta que públicamente pases a reconocer nada, basta
con que este análisis interno te mueva hacia territorios de dictamen,
disposición y resolución ejecutiva. Basta con que este esfuerzo te
lleve a valorar, en su justa medida, aquello que consideres que puede
motivarte lo suficiente como para levantarte cada mañana, movilizar
tus recursos, dirigirlos hacia tus metas, evaluar tus fallos y desplegar
un plan para corregirlos, para después buscar el aliento de los demás,
compartir tus logros y regodearte sanamente en el repaso sosegado,
maduro, responsable, compasivo, pero a la vez suficientemente crítico de tu día a día. ¿Se puede aspirar a una rutina cotidiana mejor?

RELACIÓN DE HERRAMIENTAS

NOTAS

SOBRE CÓMO NO COMPLICARTE LA VIDA

SOBRE CÓMO NO COMPLICARTE LA VIDA

SOBRE CÓMO NO COMPLICARTE LA VIDA

222